マクルーハン・プレイ

アイデアはこうして生まれる

中澤豊

実業之日本社

Herbert Marshall McLuhan

1911-1980

次の世代のための科学と芸術と教育の目標は、遺伝子コードの解読ではなく、知覚コードの解読でなければならない。グローバルな情報環境においては「答えを見つける」式の古い教育パターンでは何の役にも立たない。人間は電子のスピードで動き変化する答え、それも数百万という答えに囲まれている。生き残れるか、コントロールできるかは、正しい方法で探査《ブローブ》できるか、問いを発することができるかにかかっている。環境を構成する情報が絶え間なく流動しているのを前に必要なのは、固定した概念ではなく、彼の書物〔自然という書物〕を読みとる古《いにしえ》よりの技《スキル》、未だ海図のない、海図が存在し得ない魔域行く航海術である。さもなければ、われわれは、風や潮の干満を制御できないのと同じように、この技術と環境を制御できなくなってしまうであろう。

『メディアの法則』より

はじめに

カナダの文明学者マーシャル・マクルーハン（一九一一-一九八〇）が、世界を「地球村（グローバル・ヴィレッジ）」と呼んだのは半世紀以上前のことでした。彼の生きていた時代、地球村は人々の目にまだ見えていませんでした。一九九一年、ＣＮＮが湾岸戦争を全世界に生中継したとき、人々は地球村の到来がすぐそこに来ていることを予感しました。あれから三十年、いまテレビをつければ国内ニュースと海外ニュースに時間差はなく、手のひらサイズの電子端末が世界の出来事をリアルタイムに教えてくれます。地球は一つの村のように小さくなったのです。

ですがマクルーハンは単に空間的な距離が電気の即時性によって縮まったことを「地球村」と呼んだのではありません。中枢神経の拡張である電子ネットワークによって、地球規模で共通の感覚をもてるようになった結果、活字文化が生んだ「個人」を土台とした文明の枠組みが意味をなさなくなり、再び「脱個人化」された部族社会に戻ることを「地球村（グローバル・ヴィレッジ）」と呼んだのです。**村《ヴィレッジ》の衰退を代償に発展させてきた都市文明・機械文明に代わって、電子メディアに覆**

われた地球村《グローバル・ヴィレッジ》という新しい共同体が形成され、その「掟《ルール》」の下《もと》に生きなければならなくなったのです。政治も、ビジネスも、教育も、そして宗教でさえ、新しい世界観に対応する形で方法の再編が迫られています。

インターネットは単なる先進技術の一つではなく、従来の常識を覆し、社会のルールを変える革命的な技術でした。村《ヴィレッジ》という語の郷愁感から理想郷《ユートピア》のように語られてきた地球村《グローバル・ヴィレッジ》ですが、マクルーハンは実際にはこう言っています。

> 部族的なグローバル・ヴィレッジは、どんなナショナリズムがかつてあったよりも、根本において、はるかに多様で争いに満ちている。〝ヴィレッジ〟は「分裂（フィッション）」であって「融合（フュージョン）」ではない。人々は、ヴィレッジの互いの関わり合いを避けるために小さい町や村を離れるのである。［中略］ヴィレッジは理想的な平和や調和を見つけるための場所ではない。まったく正反対である。ナショナリズムは印刷から生まれ、ヴィレッジ状態の苦痛を大いに和らげてくれた。私はグローバル・ヴィレッジに賛成しているのではない。私たちはそこに生きていると言っているのである。
>
> "McLuhan Hot and Cool"

情報が瞬時に飛び交うネット社会では、印刷文化の時代のような「関与せず対象を観察する」ことは難しくなります。「客観的態度」とは印刷文化の産んだ意識でした。

電気の即時性は、人々に「いま」世界で起きていることに深く関与することを要求します。村人が隣家の問題に口を出すように、ネットの掲示板やSNSには、隣国はもちろん地球の裏側で起きたことについてコメントする地球村の住民であふれています。会ったことがない人への共感（いいね！）も、誹謗中傷も絶えません。**地球上で起きることで自分と関わりのないことはなくなったのです。印刷文化の不文律であった「内政不干渉」は廃棄され、自国で起きたどんなことも地球村の住民の問題として干渉を受ける、そういう時代です。**地球（グローブ）と村（ヴィレッジ）という本来結びつかないはずの語を組み合わせた「地球村《グローバル・ヴィレッジ》」は、現代社会を言い表すにふさわしい隠喩《メタファー》と言えるでしょう。

マクルーハンは、「地球村《グローバル・ヴィレッジ》」以外にも数々の予言的で謎に満ちた言葉を残しましたが、その魅力的《キャッチー》な警句に関心が向くあまり、肝心な彼の「方法論」が見落とされてきました。彼が**「メディアの内容**（コンテンツ）**は、強盗が精神の番犬の気をそらせるために携える血のしたたる肉切れのようなものである」**（『メディア論』）と言ったまさにそのことが、マクルーハンという「メディア」についても言えるのです。

マクルーハンをマクルーハンにしているものは彼が語った内容よりも彼の文体、言述の戦略です。その方法にこそ彼の「メディア論」の本質があるのです。

マクルーハンに最初に注目したのは、学者ではなくアーティスト、クリエイターたちでした。マクルーハンはステファヌ・マラルメ（一九世紀フランスの象徴派の詩人）の「定義することは殺すこと、暗示することは創造すること」を好んで引用しましたが、創造することを職業とする彼らアーティストたちは、マクルーハンの暗示に満ちた言葉に新しい時代を生き抜く知恵があると本能的に感じたのです。**マクルーハンがとった言述の方法「暗示的な言葉」とは何かを探り、現代のネット社会を生き抜くための思考の武器とすることが本書の目的です。**

本題に入る前に、私がマクルーハン研究に関わった経緯について説明しておきましょう。

私はメディア論の学者ではなく、ビジネスマンです。情報通信産業に関わるビジネスマンとしてマクルーハンに興味をもち、読んできました。私が一九八二年、当時の電電公社に入社した頃、電話はまだメディアではありませんでした。「ニューメディア」という言葉がマスコミを賑わし始めていましたが、メディアというのは新聞、テレビ、ラジオといった「マスメディア」のことで、電話をメディアとして捉えるのは難しかった印象があります。

　メディアというのは「媒体」です。内容《コンテンツ》を伝えるものです。マスメディアの主役はなんと言っても「内容《コンテンツ》」であり、メディア（媒体）そのものが話題になることはありません。人々はメディアの流す内容に対して、道徳的観点から、娯楽的観点から、政治的観点から、論評していました。電話にはそういう意味で論評する「内容《コンテンツ》」はありませんから、メディアとして扱いにくいのも当然でした。

　しかしその電話がデジタル技術によって大きく変貌しようとしていました。デジタル技術によって、電話は「ニューメディア」となり、社会も、産業も、文化さえも変えていくというのですから、情報とは何か、メディアとは何かについて関心をもたざるを得ません。ダニエル・ベルの『脱工業化社会の到来』（邦訳・ダイヤモンド社／一九七五年）、アルビン・トフラーの『第三の波』（邦訳・中央公論新社／一九八二年）、林雄二郎の『情報化社会』（講談社／一九六九年）、梅棹忠夫の『情報の文明学』

（中央公論社／一九八八年）などを読み漁りましたが、そうした本からは情報化社会のイメージは得られたものの、それ以上の感動は覚えませんでした。

　私がマクルーハンに関心をもったのは一九九〇年代の初頭、パソコンが普及し、インターネット時代が始まろうとしていた時期でした。六〇年代のマクルーハンの予言的な言葉が現実味を帯び始めていました。古書店で『人間拡張の原理』（竹内書店／一九六七年）を見つけ、ぱらぱらと本をめくっていくと、気になる言葉が一頁の中にいくつも出てきました。早く読みたいと走るようにして家に帰り読み始めました。気がつけば本は私の引いた赤線で真っ赤になっていました。内容《コンテンツ》に対して「中立的《ニュートラル》」と思っていたメディアがそうではなく、「**それぞれのメディアが独特のバイアスをもって内容《コンテンツ》を伝える**」、「**メディアは人間の中枢神経の拡張であり、人々の世界観を変えていく**」、「**メディアはメッセージである**」というマクルーハンの言葉に心を揺さぶられました。

　ちょうどその頃、会社の文化事業の一環として計画されたメディアアートのミュージアム「インターコミュニケーション・センター（ＩＣＣ）」の設立プロジェクトに関わっていたことも、私に「メディアと人間」の問題を深く考える機会を与えてくれました。メディアアーティストたちはみな、パソコンやインターネットを単に人間の生活を便利にする効用の機械としてではなく、人間の知覚を変容させるものとしてとらえ、その可能性を探求していました。それはすでに六〇年代にマクルーハンが示唆していたことですが、ようやくその道具立てがそろった時期でした。

新しい技術が切り拓く可能性は、当然のことながら既存のメディア技術の上に成り立っていた文化との摩擦を生みます。印刷文化に強化された視覚と電子メディアによって回復されつつある聴覚と触覚、この対立が今日起きている紛争や動乱の背景にあるというマクルーハンの主張は私の知的好奇心を掻き立てました。過去においてはルターの宗教改革は、グーテンベルクの印刷技術が強化した視覚的合理精神の聴覚的中世世界に対する反乱である、ともマクルーハンは言っていました。メディア技術が人間の認識構造に与える影響を知ることは、今起きつつある情報革命による社会変化の問題を論じるときに欠かせないという思いが強くなり、会社に希望を出して、一九九七〜一九九八年、トロント大学マクルーハン・プログラムに留学しました。

マクルーハン・プログラムは、マクルーハン時代の「文化技術センター The Center for Culture and Technology」を引き継ぐ研究組織です。プログラムは、トロント大学の敷地から少し離れたかつての馬車小屋《コーチ・ハウス》を拠点にしていて、そこはいろいろな分野の学生や研究者たちが集う交流の場でした。マクルーハンのことを知りたくてヨーロッパから夏休みを利用してぷらっと立ち寄る学生もいる、そんなオープンな組織でした。

私をプログラムに招いてくれた当時の所長、デリック・ドゥ・ケルコフ氏によれば、私はそこに所属した日本人最初のマクルーハン・フェロー（研究員）でした。当時はインターネットの登場とともに再びマクルーハンに注目が集まってきていた時期でしたが、日本では学問としてはまだ軽んじられていたのでしょう。しかし北米では、一九九三年にマクルーハンを守護聖人《パトロン・セイント》にまつり上げた『WIRED』誌が創刊されこともあって、アカデミーの世界でもマクルーハンに対する関心は相当高く、あちこちでマクルーハン・シンポジウムが開かれるようになっていました。

一九九八年には、マクルーハンが六〇年代末に客員教授を務めたニューヨークのフォーダム大学で、欧米から集まったマクルーハン研究者が一人十五分で二日間にわたってマクルーハンについてスピーチするという慌ただしいシンポジウムが開かれたこともありました。シンポジウムを傍聴した私は、登壇者の熱いスピーチと会場の熱気に圧倒されました。マクルーハンのことが好きでたまらないという人たちが集まったシンポジウムでした。アップルの新製品発表会のよう、といえば大仰ですが、とにかくそんな雰囲気が充満していました。

そうした時期にプログラムに在籍した私は、幸運にもマクルーハンの研究を最も身近で見てきた長男エリック・マクルーハン博士の指導を受けることになったのです。指導といってもこちらが勝手に博士の部屋に押しかけて教えを乞うたというのが正直なところなのですが、博士は教えを乞う者には、どんなに不勉強者でも親切に対応してくれる心の広い教育者でした。それが縁になって、マクルーハン最後の著作『メディアの法則』（NTT出版／二〇〇二年／原著:Laws of Media）を翻訳出版しました。そして、二〇一八年五月、博士の訃報を受け、恩返しの気持ちで書き上げたのが『哲学者マクルーハン――知の抗争史としてのメディア論』（講談社選書メチエ／二〇一九年）です。この本は、マクルーハンの思想を西洋哲学史に位置づけて解説したもので、博士の教えが基《もと》になっています。

本書は、この『哲学者マクルーハン』でも取り上げた彼の「レトリック思考」に焦点を当てて書いたものです。レトリック思考という言葉に違和感があるかもしれませんが、「**レトリックは思考の技術である**」というのが本書の一貫したテーマです。

マクルーハンのレトリック思考は、アーティストやクリエイターはもちろん、ビジネスパーソンの日常の活動にも応用が可能です。マクルーハンのレトリックには、アイデアのヒントがあふれているのです。

・**第一章「着想（ひらめき）――新しい組み合わせを探す」**では、マクルーハンが　子供のように「発見」に夢中になっていたこと、その発見の方法が「新しい組み合わせを楽しむ」遊び心にあったことをジェームス・W・ヤングの名著『アイデアのつくり方』と比較しながら考察しました。

・**第二章「逆説――クールな言葉が想像力をかき立てる」**では、マクルーハンの矛盾に満ちた逆説的な言葉や駄洒落（ことば遊び）が、読者の想像力を働かせ、行動に駆り立てていること解説しました。

・**第三章「類推（アナロジー）――非なるものの中に似《に》を探す」**では、彼の独創性は、一見似ていないものの中に類似《アナロジー》を見つけていく詩的な認知方法にあったことを解説しました。

・**第四章「譬え話――人を征服しないで納得させる」**では、古代ギリシアにおいて「論理」と並んでもう一つの思考法であった「レトリック」は、比喩（譬え）を用いて思考の跳躍を生む創造的な言語技術であることを解説しました。

・**第五章「創造――比喩が現実を創る」**では、「現実」は隠喩《メタファー》によって創られていること、世界を比喩的に見ていくことが直感のカギであることを解説しました。

・**第六章「展開――全体を一挙につかみ形にする」**では、問題を部分に分けて分析するのではなく、マクルーハンの残した思考の道具「テトラッド」を使って、全体を一挙に把握すれば、事態の変化を見誤ることなく適切に対処できることを解説しました。特に、企業経営者が陥り易い「マーケティング・マイオピア（近視眼）」から逃れるためのツールとして「テトラッド」が有効に活用できることを事例を交えて紹介しました。

マクルーハンの本を読んでその思想を理解することは大変ですが、新しい「発想（アイデア）」を得るための手引書《ガイドブック》として活用する読み方があることを知れば、マクルーハンを読む楽しみがまた増えるはずです。

本書の原稿を書いている最中《さなか》、新型コロナウイルスの世界的拡大という、これまで経験したことのない異常事態が世界を凍り付かせることになりました。技術文明がもたらしたグローバリズムの一つの帰結が今回のコロナ禍と言えるのではないでしょうか。

マクルーハンは、地球村《グローバル・ヴィレッジ》の到来を予言していましたが、同時にその反転も予告していました。近代技術文明が問い直されるとき、マクルーハンがとった思考の「方法」は、必ずや有益な示唆を与えてくれるはずです。

目次

第五章 創造――比喩が現実を創る

第一章

着想

（ひらめき）

新しい
組み合わせを探す

マクルーハンとドラッカーの出会い

デジタル社会の現在と未来を語るとき、マクルーハンの残した「メディアはメッセージ」、「グローバル・ヴィレッジ」、「世界の部族化」、「人間の拡張」などの言葉《フレーズ》に触れないわけにはいきません。しかし、それ以上、彼の思想のエッセンスに近づこうとしてもなかなかそれを許してくれない、そういう思想家でもあります。彼の著作の晦渋《かいじゅう》な言い回しと多方面からの引用の多さに読者は疲労困憊させられます。テクノロジー社会を生き抜く数々の経営指南書を書いたあのピーター・ドラッカーは、短い平易な言葉で物事の本質を突いて世界中のビジネスパーソンに読まれていますが、マクルーハンの文体はその真逆と言えるでしょう。ですが、そのピーター・ドラッカーがマクルーハンと深い親交があり、彼から強い影響を受けていたことはご存知でしょうか。

ドラッカーは、一九四〇年頃、ある学会で無名の英語教師だったマクルーハンが「活版印刷が知識とすべきものを規定した」、「近代の世界観をもたらしたものは、コペルニクスやコロンブスではなく、活版印刷だった」と主張した時、他の聴衆と同じようにマクルーハンの言っていることが分からなかったといいます。グーテンベルクの発明のはるか昔から中国で活版印刷は使われていましたが、中国ではマクルーハンの言ったことは何も起こっていませんでした。しかし、マクルーハンの言うことに「何かある」と感じたドラッカーはマクルーハンを自宅に招待しました。その時のことをこう書いています。

　彼は、いつも自分の考えていることだけに夢中になっていたものの、楽しい客だった。しかし、二十年以上に及ぶ付き合いの中で、一度たりとも、私が何をしているのかを尋ねたこともなければ、私の説明を聞いたこともなかったと思う。彼もまた、彼自身のことについては一度も話したことはなかった。いつも、彼は考えていることについて話した。いつも、妙なことばかり考えていた。彼は実によくわが家に立ち寄った。ほとんどあるいはまったく予告なしに、訪ねてきた。そして、ある夏の嵐と雷の真夜中の一時、彼はニュージャージーの私たちの家の呼び鈴を鳴らした。びしょ濡れの彼がにこにこ立っていた。「いや、近くに用があってね」といった。「マーシャル、どうして電話してくれなかったんだ。この天気で留守だったらどうするつもりだったんだ」「君もドリスも、こんな夜外出するような人じゃないよ」。天気の話はそこまでだった。すぐに彼は考えていることを話し始めた。朝食まで話し続けた。彼がわが家に立ち寄って彼に見えるものについて話をしたのは、この夜が最後となった。あの一九

> 六〇年代初めの六月の夜、ついに彼は啓示を受けたのだった。あの夜、彼は自分が話し続けてきたものの全貌を目にしたのだった。それを告げたくてわが家に駆けつけたのだった。その夜彼が語ったことは、彼の最も重要にして明晰かつユニークな著作、『グーテンベルクの銀河系』として世に出た。クールなメディアとホットなメディアについて論じ、世界の部族化について論じた『メディア論』はその二年後に出た。そして後者が彼を有名にした。だがその頃には、相変わらず友人ではあったものの、わが家に立ち寄ることはなくなっていた。あの嵐の夜、マクルーハンは約束の地を見つけたのだった。その後はもう聞き手は必要としなかった。私たちが頻繁に会っていた二十年以上に及ぶ間、彼もまた、バックミンスター・フラーと同様見る人、知覚の人であったが、見るべきものは見えていなかった。何を見なければならないかはわかっていた。しかし、それを見ることはできなかった。その間彼は、目覚めなければならないことを知りながら、夢から覚めることができない思いにあったに違いない。
>
> 『傍観者の時代』

マクルーハンが、われわれが普通、哲学者や思想家に抱くイメージとかけ離れた人物であったことがこの記述から分かるでしょう。**マクルーハンは思想家というよりも「発明家」**

であったのです。

マクルーハンは思想の「体系」をつくることに関心はありませんでした。彼が興味があったのは「発見」だけです。説明を求められても、「**私は説明しない。探求するのみ**」という彼一流の決まり文句で対応しました。彼の発した断片的な短いフレーズが未だに人々の興味を惹き続けているのは、ドラッカーがそう感じたように、われわれもマクルーハンの言葉に何か新しい「発見」があると感じるからです。

マクルーハンに影響を受けた
ドラッカーの技術観

マクルーハンの発見は、ドラッカーが企業経営における技術革新（イノベーション）を論じるにあたって重要な観点をもたらしました。ドラッカーが技術革新《イノベーション》を語るとき、必ずそこには「人間」が主役にいました。ドラッカーにとって技術は効率化や生産増大のためではなく、「人がいかに働くか」のものでした。そうしたドラッカーの技術観に決定的な影響を与えたのが、技術を人間の身体機能の拡張としてみるマクルーハンの「メディア論」だったのです。マクルーハンの影響を受けたドラッカーは技術《テクノロジー》についてこう書いています。

技術とは、自然に関するものではない。人間のものである。またそれは、たんなる道具に関するものでもない。人がいかに働くかに関するものである。さらに、技術とは、人がいかに生き、いかに考えるかにかかわることである。チャールズ・ダーウィンとともに進化論を唱えたアルフレッド・ラッセル・ウォーリスは、「人間は、自ら道具をつくることができるゆえに、方向づけと目的意識を伴った進化をなしうる唯一の動物である」と言った。そしてまさに、技術は人間の延長であるがゆえに、その基本的な変化は、つねに、人間の世界観の変化をもたらす。技術の変化は、人間の価値観を変えていく。

『新しい現実』

他にも、ドラッカーはしばしばマクルーハンの言葉を引用しながら自身の論を展開しています。例えば、地球村《グローバル・ヴィレッジ》についてはこう言っています。

今日のグローバル経済は、映画、ラジオ、テレビという新しいメディアによってつくり出された一つの絵巻である。いまや頭上には通信衛星がある。この通信衛星が、ア

ンデスの高地やマレーシアのジャングルの村を、ニューヨークやロンドン、ロサンゼルスと同じように身近な存在にする。世界中が、世界中の生活、衣食住、さらには生活水準を見る。かつての村人が隣人を知っていたように、世界中の人たちが世界中の人たちを知る。こうして世界が隣人となる。世界はマーシャル・マクルーハンいうところの地球村となる。今日の大陸間の関係は、一八、一九世紀のスラムと高級住宅街よりも緊密である。

これらの電子メディアは物を伝える。経済を伝える。グローバルなショッピングセンターを生み出す。これもまた新しい現象である。しかも、それは新しいコミュニティを生み出す。

『断絶の時代』

一方、マクルーハンも『グーテンベルクの銀河系』の冒頭、ドラッカーの問いに応答して次のように書いていています。

ピーター・ドラッカーは、『技術と文化』（一九六一年発行、第二巻第四号、三四八頁）のなかで、われわれの時代の「技術革命」について次のように述べている。「技術革命について、これまでどうも明らかでなかった点がひとつある。それはこの点が明らかにならないかぎり技術革命について真の理解が得られないほど重要な点だ。つまり、それは技術革新を解き放つことになった変化、人間の姿勢や信念や価値観における基本的な変化が生ずるために、その前に一体何が起ったのか、ということである。いわゆる科学の発達それ自体は、わたしがこれまで示そうと試みてきたように、この根本的変革とはほとんど関係をもたなかった。しかしながら技術革新に先立つこと一世紀前に、一大科学革命をもたらした世界観における一大変革のほうは、どのくらい「今日の技術革命に対して」責任をもつものであろうか。」本書『グーテンベルクの銀河系』は少なくともドラッカーのいう「これまでどうも明らかでなかった点」が何であるかを解き明かす試みである。

『グーテンベルクの銀河系』

二人はともに、それまで誰も注意を払わなかった歴史を動かした〝真の原因〟があることに気づき、それを見ようとしていました。それはアリストテレスが定義した存在の四原因（質料因、形相因、作用因、目的因）でいえば、「形相因（フォーマル・コーズ）」です。その事物・事象がそもそも何であるか、その本質を規定するものです。例えば、「家」の形相因は建築家の頭の中にある「家の設計図」であり、「事業《ビジネス》」の形相因は、起業家《アントレプレナー》が考える「商品・サービスのアイデア／ビジネスモデル」です。**「17世紀の科学革命」であれば、ガリレオやニュー**

トンのような科学者ではなくて（彼らは作用因）、彼らを登場させた信念と価値観の根本的変化の要因、すなわち「グーテンベルクの印刷技術が人間の意識にもたらした心理的影響」が形相因です。関心の対象も文体も違う二人が、どこか似た感じがするのは、二人とも表面的な事象の裏に隠れた事物の「本質」を見ようとしているからです。二人の思考は西洋の人文学的教養に裏打ちされていました。あまり注目されてこなかった二人の関係がいかに深いものであったかが分かるでしょう。

マクルーハンは発明家だった

経営管理者《マネージャー》の行動に変化を起こさせることを生業とするP・ドラッカーが触発されたように、マクルーハンのメディア論は、完成された思想というよりも、創造的な活動のための実践的方法論としての性格をもっています。マクルーハン自身、こう言っています。

> 環境の理解においては、思考と知覚の「方法」が実際の思想の内容よりもはるかに重要である。『メディアの理解』は、まさに分析と知覚のための一揃いのツールである。

それは発見の仕事に取りかかるためのものである。それは完結した仕事ではなく、実践利用を意図したものである。

『The Book of Probes』

短い文章に「知覚」という語が二度出てきますが、マクルーハンは概念的理解ではなく、知覚による直感的理解を重視していました。直観的ひらめきこそが発見のための「方法」であると考えていたのです。発見はアイデアと言い換えてもいいでしょう。

あまり知られていないことですが、有名になる前のマクルーハンは、しがない大学教師の薄給を補おうと近所に住む友人と「アイデア・コンサルタンツ」なる会社をつくり、自分のアイデアを商品化しようと企業に働きかけていました。その中には、赤ちゃんのトイレ・トレーニング用グッズもあれば、バスや地下鉄の中にスポンサー企業の名前を表示する電光掲示板、Television Platter と呼ぶテレビで映画を再生するための後のビデオカセットのような機械、防音用の仮設の内壁、モーター式の鉛筆削り、芝刈り機のヘッドライト、ビジネス問題だけを取り上げてドラマ化したテレビ番組、さらには東西冷戦の緊張を「クール・メディア」を使って和らげるためのアイデアまでありました。

マクルーハンの伝記を書いたテレンス・ゴードンは、**「マクルーハンのアイデアは、マクルーハンの会社にお金が入ることなく、クレジットも無いまま、事実上多くが実現されて**

いる」と言っています。マクルーハンを「発明家」と呼んでもおかしくないことが分かるでしょう。マクルーハン自身、自分を「アイデアマン」であると思っていました。マクルーハンの「発想法」には、現代のビジネスパーソンが生かせるヒントがあふれているのです。

マクルーハン思想を実践した竹村健一

一九六〇年代に『マクルーハンの世界』を書いてマクルーハン・ブームの火付け役となった竹村健一氏は、単にマクルーハン思想の紹介者というにとどまらず、日本人最初のマクルーハニズム信者（マクルーハニスト）でした。距離を置いてマクルーハンを分析、評価していたのでなく、マクルーハンの言葉を信じ、マクルーハン流の生き方を実践しました。マクルーハン思想の現実生活への応用を検討するにあたり、マクルーハン流を徹底して成功をおさめた竹村氏の言葉を振り返ってみるのも意義のないことではないでしょう。

竹村氏は『マクルーハンの世界』（講談社／一九六七年）から三十五年後に出したマクルーハン論『メディアの軽業師たち─マクルーハンで読み解く現代社会』（ビジネス社／二〇〇二年）でこう書いています。

私は最初にマクルーハンに出会ったとき、彼の言うことがいちいちよく理解できた。頭で理解できるというより、体ごと全部しみるように分かってしまうのだ。私にはアインシュタインもフロイトも理解できそうにないが、マクルーハンは大丈夫だった。よほど私の体質にあっていたのだろう。あのとき三十歳代半ばだった私は大いに喜んだのを覚えている。というのも、私は自分の考え方、生き方がどうも周りの人たちと違っているらしいことで、いささか悩んでいたところもあったのだ。それが「なんだ、これで良かったんだ」と生き方に自信が持てた。マクルーハンとはまさに運命的巡り会いだったのだと思っている。たとえば、あのときマクルーハンはいまでいうフリーターの増加を、これからの生き方として、すでに見抜いていた。私は組織になじめず一匹狼的な生き方を選んだものの、まだ少数派であり、落ちこぼれ視されがちだったのである。そこにマクルーハンが現れ、「ピラミッド型組織によるトップダウンの命令形態は必然的に機能しなくなり、ただ知識のみが権威となる」と言ってくれた。彼にとって知識は、ごく一般にいう知識以上の意味をもっている。組織上の肩書きは意味を失い、人間としての力そのものがモノをいう時代になる、というのだ。それから私は、私の思うとおりに生きていくことにした。それはどうやら、意識せずともマクルーハン的な生き方になっていたようである。

竹村氏がマクルーハンをいかに信奉していたかがよく分かる文章ですが、この著書には他にもマクルーハンを徹底的に真似てきた話がいろいろ紹介されています。竹村氏の本は「同じ内容の繰り返しが多い」との批判を「専門家」から受けましたが、これもマクルーハン流なので気にしませんでした。活字文化は文章の繰り返しを嫌いますが、すでに電気文化（口誦文化）の時代が始まっているので繰り返しは問題ないのです。自分のしゃべったことをライターにまとめてもらって次々と本を出版したのもマクルーハン流です。一九八一年には年間三八冊を出して出版界の記録をつくりました。「文章を書く」行為の優越意識《プライド》に捉われていた当時の活字知識人にはできないことでした。

さらに竹村氏は来客があっても自分はソファーに横たわったまま対応して初めての客人を驚かせました。これもトロントを訪れたとき、マクルーハンが「ソファーに横たわっているときが一番いい発想が浮かぶ」と言ってそうしたことを思い出して真似たものです。活動の場をテレビに移した竹村氏は、「テレビ文化はカジュアルである」というマクルーハンの言葉を信じ、ハプニングとカジュアルな演出を心がけました。「世相講談」（日本テレビ）では、専門用語は使わず、大物政治家に対しても改まった言葉遣いも態度もしない、時には怒鳴りもする、といった具合です。家事をしながらテレビを見ている主婦は、同じ調子でしゃべっていると家事の方に注意がいってしまうので、ときどき「怒鳴る」ことで「何事か」と注意を向けさせたのです。

マクルーハンの言うとおり、テレビは結論よりもプロセスのメディアでした。「世相講談」は、後の田原総一朗の「サンデープロジェクト」や久米宏の「ニュースステーション」の源流となりました。今日では、報道番組とワイドショーのボーダーレス化が進み、政治問題からタレントのスキャンダルまで扱う、コメンテーターのお喋り番組が人気を集めています。


かつて報道番組といえば、グレーの背広を着たニュースキャスターが、新聞記事を読み上げるように事件を報道していたものです。「テレビジャーナリズム」という言葉がかつてありましたが、今では死語と言っていいでしょう。マクルーハンは、「**新しいメディアの内容（コンテンツ）は常に古いメディアである**」と言いましたが、新しいメディアのテレビは、古いメディアの新聞を内容として取り込むことで社会に浸透していきました。

しばらくの間、テレビは、新聞のジャーナリズム的な内容（＝正論）に影響を与えないように振舞っていましたが、時間の経過とともに、テレビはその固有の性格を顕《あらわ》にしてきました。ニュースはテレビの性格に合うように加工・編集されてバラエティ番組になりました。「テレビ番組の劣化」が言われて久しいですが、番組制作側の問題というより、テレビというメディアが本来的に持つ性格が前面に出てきただけなのです。このテレビの「性格」を知って、逸早く利用したのがマクルーハン理論に精通していた竹村氏だったのです。

そして「世相講談」で竹村氏のアシスタントを務めた現東京都知事、小池百合子氏もまたテレビの性格を知り尽くしていて、竹村氏を超えるマクルーハン度を発揮しています。活字知識人がどんなに論理的批判を試みても、小池氏のテレビ・パフォーマンスに返り打ちにあってなす術がありません。事の是非とは別の所で、人の判断が行われるのがテレビの世界なのです。

また竹村氏がテレビに関西弁を持ち込んだことも、テレビと活字は違うことを象徴するものでした。実は竹村氏は、大橋巨泉氏が司会を務めた「11PM」(日本テレビ)の司会の候補にも挙げられていましたが、担当プロデューサーに竹村氏の関西弁が懸念され、話がなくなったことがあったそうです。そういうことがありましたが、竹村氏は「世相講談」では関西弁を臆することなく使いました。マクルーハンが「テレビの時代には方言が力をもつ」と明快に宣言したことから勇気づけられたのです。

活字文化の影響を受けていない方言、特に関西弁は、上から目線で教えを授けるのに向いた言葉ではなくカジュアルな対話に適した言葉です。それがテレビというメディアの特性とマッチしていたことで、番組は高い視聴率を維持しました。

マクルーハンからいろいろ触発された竹村氏ですが、最大の贈り物は、**「いま何が起きているのか、何が起きつつあるのか、これを誰よりも早くとらえる感覚」**だったといいます。竹村氏は、いろいろな人から「先生の言ったとおりになりましたね」とよく声をかけられましたが、それは新聞の主流の論調と逆のことをあえて言ってきたことの結果でした。なぜなら、すべての物事には裏表があり、誰から見ても悪いように見えても別の見方があるとの確信があったからです。これもマクルーハンに共通するところを見出して自信を深めたものでした。

「いま」を知ることがアイデアにつながる

徹底的にマクルーハン流に生きることは誰にでもできることではありませんが、普通のビジネスパーソンでもマクルーハンに学べることはあります。それはマクルーハンの思考の方法（発想法）です。竹村氏がマクルーハンからの最大の贈り物だという「いま何が起きているのか、何が起きつつあるのか、これを誰よりも早くとらえる感覚」もその方法のことでしょう。

アイデアというのは「いま」と密接に関係しています。「いま」というのは「環境」です。**環境は閾下にあって本当は目に見えていないのです。その見えない「環境」を見えるようにすることがマクルーハンの仕事でした。人々が気づいていない「いま」に気づくことが、そのままアイデアにつながるのです。**

マクルーハンの常套句、「自分は未来を予言しているのではない、現代《いま》を観察しているだけだ」や「未来の未来は現代《いま》である」などの言葉、あるいは経営コンサルタントのバリントン・ネヴィットとの共著のタイトル『Take Today – the executive as dropout（今日《いま》をつかめ – 落伍者としての経営幹部）』（一九七二年）からも、彼の「いま」へのこだわりが分かります。また、マクルーハンが企業向けに発行した有料のニューズレターの名称、〝The McLuhan : DEW-LINE〟にもそれが表れています。DEW-LINEとは、冷戦期にソ連の爆撃機から本土を防衛することを目的としたアメリカ大陸北岸の北極圏に設置されたレーダー網Distance Early Warning Line（遠距離早期警戒線）のことで、それを借用したネーミングでした。アメリカにいたらアメリカは「全環境」になってしまっているのでアメリカ人には見えないことも、アメリカから少し離れたカナダなら「環境」の盲目状態から逃れられ、逸《いち》早く変化に気づくという意味が込められています。マクルーハンは、われわれが一番見えていると思っている「いま」が、実は一番見えていないことを繰り返し語っています。マクルーハンもドラッカー同様、「いま」に「すでに起こった未来」を見ようとしていたのです。

マクルーハンを世に出した広告界の重鎮ジェームス・W・ヤング

マクルーハンはいつも「アイデアづくり」に没頭していました。人文学者であるマクルーハンにとって「アイデア」とは「論点の発見」、「新しい見方の発見」です。ビジネスパーソンにとっては、「新事業のビジネスモデル」、「新商品の開発コンセプト」、「新しい営業手法」、「魅力的な広告の訴求方法」といったものがそれに当たります。アイデアは知識と似ていますが同じではありません。知識はアイデアの源泉であることもあれば、知識がアイデアを邪魔することもあります。知りすぎている専門家よりも素人の方が面白いアイデアを生むことはよくあることです。アイデアはしばしば「直観」によってもたらされるといいます。直観は学習で身につくものではないように思われますが、何かそこに「直観の技術」といったものがあるのではないでしょうか。

アイデアとは何か、どうやってつくるのかを簡潔に、やさしく説いた五〇ページほどの小著にして名著『アイデアのつくり方』（ジェームス・W・ヤング／CCCメディアハウス／一九八八年）という本があります。ヤング（一八八六〜一九七三）は米国の広告クリエイターです。マクルーハン（一九一一〜一九八〇）よりも二十五歳年上です。この本の初版が発行されたのは一九四〇年ですから今から八〇年前になります。日本語に翻訳されたのが一九六〇年、以来、版を重ねながら今も読まれている名著です。

この本が名著であるということの他にもう一つこの本を取り上げた理由があります。それはこの本の最後に掲載されているヤングの経歴です。広告業界における華々しい活躍の紹介の最後に「一九五一〜一九五二年には新しく設立されたフォード財団のマスコミュニケーション・コンサルタント」と書いてあるではないですか。マクルーハン・ファンなら知っていると思いますが、マクルーハンがメディア研究者として頭角を現すきっかけになったのは、一九五二年にフォード財団に応募した「メディアとコミュニケーションに関する研究企画書」が認められ、財団から二年間四万ドルの助成金を得て、グループの研究成果を発表する場として雑誌『探求 Explorations』の発行を始めたことでした。

広告業界の重鎮であったヤングは、マクルーハンが広告文化について論じた『機械の花嫁』（一九五一年）を当然読んでいたでしょう。そしてフォード財団のマスコミュニケーション・コンサルタントであったヤングなら、マクルーハンから出された企画書を当然読んだことでしょう。そしてマクルーハンを財団の助成対象に推薦したに違いありません。もしかしたらヤングこそマクルーハンを世に出した影の功労者だったかもしれない、と勝手に想像が膨らんできました。そう思ってヤングの書いた『アイデアのつくり方』を読んでみたら、驚くことにマクルーハンが生涯実践していたことがそのままそこに書いてあったのです。マクルーハンの方こそ、ヤングの『アイデアのつくり方』を読んでいたのではないかと思えるほど二人の発想法は似ていました。

ヤングのアイデアのつくり方

ヤングはアイデアをつくり出すプロセスを次の五つの段階に分けて説明しています。マクルーハンのやっていた作業と重ね合わせると次のようになります。

第一段階❖資料を収集する

収集する資料には「特殊資料」と「一般資料」があり、前者は、問題となっている分野に特化した資料、後者は、問題とは一見無関係に見える事柄の一般的資料である。この一般的資料を収集するには、関心事が偏ることなく、この太陽の下に起きることすべてに興味をもたなければならない。そして、収集した資料はカードにメモを書き留め、それをファイル・ボックス放り込む。

長男のエリック・マクルーハンが『メディアの法則』に書いていますが、**マクルーハンは仕事を始めるにあたり、まず一〜二ダースのファイルを用意して、思いついたことは、それが重要であろうと些細であろうとメモにしてファイルの中に放り込みました。**封筒の裏に書いた走り書きのメモ、新聞の切り抜き、誰かに送った自分の手紙の写しなどもありました。

第二段階❖組み合わせを探す

この段階は、ジグソーパズルのように個々の資料の組み合わせを探すことである。それは、万華鏡がつくり出す文様パターンを楽しむのに似ている。万華鏡の中の色ガラスの小片は、筒（クランク）を回すと新しい位置関係にやってきて様々な種類の幾何学的文様をつくり出す。ガラス片の数が多くなればなるほど、新しい、目が覚めるような文様が出現する可能性は高まる。**アイデアの発見も偶然を味方につける点で同じである。例えば、広告と精神病理学は一見何の関係もない。しかし、精神病理学者が、「言葉」が患者の精神に大きな影響を及ぼすことを発見したとき、広告と精神病理学は突然、関連性をもつようになる。**だが、これはまだアイデアの予兆である。この種の関連性の発見から一つの総合的原理が導きだされたとき、それが「アイデア」となる。

ヤングのこの第二段階「組み合わせを探す」に対応するのが、マクルーハンの場合は「対話」です。新しいジグソーパズルの組み合わせを探すためにマクルーハンは分野の異なる人たちとの対話を好みました。学者だけでなく、アーティスト、デザイナー、建築家、経営コンサルタント等、たくさんの友人がいました。マクルーハンの自宅は、いつもいろいろな人が出入りしていて、まるでセミナールームだったといいます。

マクルーハンは、書くよりも話すことが好きな学者でした。**対話によって線的な思考、字義どおりの思考は回避され、対話を通じて一つのことを三百六十度の角度から論じることができます。**交互に提案と批判を繰り返す対話は万華鏡の筒《クランク》を回す組み合わせの探索なのです。その過程で不完全で部分的なアイデアとしての「プローブ（探査）」と呼ぶ短い格言《フレーズ》が生まれました。「テレビは触覚メディアである」、「メディアは身体の拡張である」、「西洋は電気によって再び部族化する」、「電気の光は純粋な情報である」、「お金は貧乏人のクレジットカードである」、「上手くいっているなら、それはもう時代遅れだ」、「発明は必要の母である」、「未来の未来は現在である」、「利用者《ユーザー》が内容《コンテンツ》である」。こうした矛盾に満ちた断片的なフレーズは、本格的なアイデア（後述する「メディアの法則」）が下りてくる予兆となりました。

二人の愛読書「シャーロック・ホームズ」

またヤングが組み合わせの重要性を語るときに例に出すのが、「シャーロック・ホームズ」です。ヤングはコナン・ドイルの推理小説「シャーロック・ホームズ」を愛読していました。小説には、ホームズがスクラップ・ブックの中に自分が書きためた個々の半端な資料を様々な角度から検索分類して暇つぶしをするシーンがよく出てきますが、ヤングはこのシーンを特に気に入っていました。ヤングは、ホームズのやり方で発想した広告のアイデアが自分の広告の中で最高の成功になったと書いています。実はマクルーハンのお気に入りの小説も「シャーロック・ホームズ」でした。文芸批評家のマクルーハンには、「シャーロック・ホームズvs.官僚」というホームズ論があり、こう書いています。

「多面的人間ホームズがスコットランドヤード［ロンドン警視庁］に対して数々の勝利をおさめるという趣向は、西欧文化における基本的な価値観の衝突について鮮明なイメージを与える。シャーロック・ホームズは直覚型天才の原型である。この直覚的精神の特性については多言を要しない。これは状況を常に全体として包括的にとらえる精神である。ホームズにとっては、状況のあらゆる局面とあらゆる部分に完全な関連性がある。関連性なき細部は存在しない。有機的複合体においてはすべての部分が全体に完全な関連を有し、「ある程度の」関連などというものはない」

『シャーロック・ホームズの愉しみ方』

これは、ホームズがヤングの第二段階の「関連性」の発見を本能的に行っていたことを取り上げて批評したものです。ホームズの推理の方法は演繹ではなく帰納でした。事物の詳細な観察から始めて犯人の行動を推論していきました。

―「あの夜の犬の奇妙な行動に注意すべきです」―

「あの夜、犬は何もしませんでしたが」
「それが奇妙な行動です」とシャーロック・ホームズは言った。

マクルーハンはホームズ的な思考法に魅せられていました。そして「シャーロック・ホームズvs.官僚」のタイトルに表れているように、官僚の硬直した思考を嫌っていました。

人と芸術を有機的生命解剖的な視点から見る芸術の天敵は官僚である。これは片付いたデスクと大きなファイルを持つ男、認識観察の同時生起モードを欠く整然たる精神である。スコットランドヤードの整然たる管理運営が状況の包括的即時的把握に不都合であることはすぐに理解でき、別に証拠を要しまい。警視庁のテクノロジーは逐次的文節的状況依存的である。警察は直線的時系列的に先行原因から直接に結果を導く。全体性、すなわち細部間の大規模な関連性などは夢想だにしない。

『シャーロック・ホームズの愉しみ方』

ＫＪ法とブレーンストーミング

なお、ヤングの第一段階と第二段階は、川喜田二郎氏の発想法、いわゆる「ＫＪ法」などに共通します。「ＫＪ法」では、ヤングの次の第三段階の「無意識的活動」を、カードのグルーピングを通じて意識的に行っています。「ＫＪ法」は、天才でなくても誰もが新しいアイデアを見つけられるようにした画期的な手法と評価され、広く使われています。

また批判はご法度で、どんな突飛なアイデアであってもとにかく思いついたことを投げ込み、参加者の連想を途切れさせない「ブレーンストーミング（Brainstorming：脳を使って問題を急襲すること、ひらめき）」と呼ばれるミーティング手法も、この第一段階と第二段階に相当するものです。

> **第三段階❖問題を意識から放棄する**
>
> 第二段階までは、かなりの労力を必要とする作業であるが、この段階まできたら問題を離れ、音楽を聴いたり、映画を見たり、問題と関係ない推理小説を読んだりする。これは問題を意識の世界から無意識の世界に移し、無意識の創造過程を刺激することである。シャーロック・ホームズが事件の真っ最中に、いつも助手のワトソンを音楽会に引っ張り出すのは、問題を無意識に委ねているのである。

マクルーハンは、堅物の気難しい文学研究者ではありません。マクルーハンのお気に入りのカジュアルファッションといえば、アロハ・シャツです。北国のカナダで学者のアロハ・シャツというのは当時としては相当珍しい服装であったでしょう。マクルーハンは遊び心にあふれた教師でした。家族と一緒の写真、友人との写真、どれもリラックスした表情で写っています。マクルーハンの好きな遊びといえばヨットです。仲間と遊んでいたヨットが転覆して警察に助けられたこともありました。

マクルーハンは、「遊び play」という言葉が好きでした。マクルーハンの駄洒落は「ことば遊び word play」です。あるいは自転車の車輪と車軸のすき間を「遊び play」といいますが、この遊びがないと車輪はうまく回りません。マクルーハンは、創造的な仕事について語るとき、この車輪と車軸の「遊び play」をしばしば例に出しています。また、全感覚を関与させる「遊び」こそが最もクリエイティブであるとも言っています。その間に無意識の創造過程が進行していたことでしょう。

第四段階❖「ユーレカ（わかった、見つけた）!」の瞬間が訪れる

ここまできてもまだどこからもアイデアは現れてこない。しかし、いつも考え続けている。考えている間はアイデアは姿を現さないのが常である。**考え疲れ果てて寝入った翌朝まだ目が覚め切らないうちに、風呂に入っているときに、ひげをそっているときに、アイ**

デアは突然思いがけなくやってくる。アルキメデスがお風呂に入ったとき、お湯が湯船からあふれるのを見て「浮力の原理」を思いつき、「ユーレカ（わかった）、ユーレカ（わかった）！」と叫んだ瞬間である。

マクルーハンは、家で何か考え始めたら家族の言葉が耳に入らなかったといいます。そして夜中に突然起きて、同僚や弟子に電話をかけ自分の「アイデア」に意見を求めました。冒頭のドラッカーとの逸話は、まさに「ユーレカ」の瞬間がやってきたときのものです。ちなみにゲシュタルト心理学の創始者の一人、ヴォルフガング・ケーラーは、過去の偉大な発見は３Ｂの環境でなされたと言っています。３ＢとはBath（風呂）、Bus（乗り物）、Bed（ベッド）です。いずれも、受動的な心理状態にあって、リラックスしているときに「ひらめき」が向こうから飛び込んでくるのです。

第五段階❖アイデアを現実に適応させる

生まれたばかりの大切なアイデアを、その力を発揮しなければならない場である現実の過酷な条件に適応させる作業《チェック》が必要である。アイデアマンは最後のこの作業がしばしば苦手である。多くの良いアイデアが陽の目を見ないで消えていくのはそのためである。

マクルーハンは典型的なアイデアマンでした。アイデアを現実に適応させることなく、あちこちに撒き散らしたまま消えてゆくかに見えました。ですが、最後の最後にそのアイデアを現実に適応させる方法にたどりつきました。それが第六章で紹介する「テトラッド」です。マクルーハンの死後出版された長男エリックとの共著『メディアの法則』に、それが詳しく紹介されています。テトラッドは学生や同僚の手で検証が重ねられ、テクノロジー社会を見通す実用的な手段としてわれわれに残されました。

第二章

逆説

クールな言葉が
想像力を掻き立てる

マクルーハンの言葉はなぜ、人をワクワクさせるのか

マクルーハンの言葉は、一つ一つが、ちょっとひっかかって謎が残る言葉です。決して論理的ではありません。その言葉の意味をもう少し詳しく知りたいという人は多いでしょう。それで多くのマクルーハンの解説書が出ているのですが、マクルーハンの言葉を分解して説明的な言葉に変換してしまうと、マクルーハンがマクルーハンでなくなってしまうのが難点です。説明するということは、マクルーハンの比喩的な言葉を概念的な言葉に翻訳するということで、そうすると何かが違ってくるのです。

もし、最初からマクルーハンがそういう言葉で『メディアの理解』を書いたならマクルーハンはいなかったでしょう。ですから同じことを言っていても、文体の戦略が違えば違ったものになるのです。「メディア（形式）はメッセージ」なのです。

マクルーハンの言葉は禅の公案

マクルーハンの暗示的な言葉を分解することなく、経験を通じて直感的に「分かった」という瞬間が来るのが、一番理想的なマクルーハン理解でしょう。「マクルーハンが言おうとしていたのはこういうことか」と経験を通じて納得しないことには、言葉の意味だけ追ってもマクルーハンはつかめません。マクルーハン理解とは、宗教における「悟り」や「啓示」に近いのかもしれません。六〇年代のマクルーハン・ブームの頃、流通経済学の権威であった林周二東大教授のマクルーハン評は実に的確にそのことを指摘しています。

> もともと禅の公案（禅宗で悟道のために与えて工夫させる問題）などというものは、一義的な解釈の余地しかないものではなく、さまざまな解釈の可能性が許される。ある老師が弟子たちの面前で、公案に大きな丸を書いてみせたところ、ある弟子はそれをみて、老師は〝円満であれ〟といわれたと解き、他の弟子は、老師は〝太陽のように仰がれる人たれ〟といわれたと解き、さらに別の弟子は、老師は〝考えるよりも饅頭でも食うがまし〟と解いて、さっさと台所に行ってしまった。どれが正解で、どれが誤解とい

うわけでもない。要するに一つの公案は、思索のためのきっかけに過ぎないのである。―公案はなるべく多くの人びとに多義的な悟道の可能性を与えるものであることが望ましい。とりわけ求道苦悩の士に頓悟の途を拓くものであることが願わしい。その点でマクルーハン氏の有名な〝ホット〟〝クール〟の概念などは、禅の公案に似ている。象徴的である。多勢の凡俗・知者がこれをみて「ホットとはこういう意味なのだ、いや、ああいう意味なのだ」といいあっている。恐らくは、いずれもが正しく、また、いずれもが十分に正しくないのであろう。マクルーハン老師は、多くの弟子たちがマクルーハン氏の公案をめぐって、がやがやいいあっているのを見て、さぞやご満悦のことであろう。マクルーハン老師は目的を達したのである。彼自身が意図的であったかどうかは別として。英文学者としてのマクルーハン老師は、電波時代の公案提唱の名手であるように私には見える。彼の書物は、電波禅の「碧巌録」である。そこでの公案の文章がいわゆる学問的吟味に耐えるものではないことはもちろんであるにしても、これを禅的公案の類とみるならば、その現代的な意義は大きいかもしれぬ。

（林周二／「電通報」一九六七年十月二十一日号／「マクルーハン私観―多義的解釈の可能性ある〝電波禅〟―」）

ノンセンスは「無意味《ノンセンス》」ではない

・テレビは触覚メディアである
・メディアは身体の拡張である
・西洋は電気によって再び部族化する
・電気の光は純粋な情報である
・お金は貧乏人のクレジットカードである
・上手くいっているなら、それはもう時代遅れだ
・発明は必要の母である
・利用者《ユーザー》が内容《コンテンツ》である
・未来の未来は現在である

こうしたマクルーハンの言葉は、論理学者にとってはノンセンスですが、ノンセンスが無意味《ノンセンス》というわけではありません。

科学と文学の関係について多くのエッセイを残したイギリス出身の批評家エリザベス・

シューエルはこう言っています。

「ノンセンスは矛盾、つまりゲームのルールを破るという形をとる。この論理ゲームは完全に知的かつ抽象的なゲームであって、その領域の外にあるセンスおよびノンセンスについては、何一つはっきり言うことができない」（『ノンセンスの領域』）。

マクルーハンの矛盾に満ちた言葉に何かひっかかる、というのは自分の経験との間に何らかの相互作用、つまり意味の芽生えがすでに生じているということでしょう。禅の公案のように、その気になる言葉を心に留めておけば、いつかそこから「意味」が立ち上がってくるかも知れません。

印刷本から
パーソナル・コンピューターが生まれた

そうしたマクルーハンの言葉に惹きつけられ、何かに気づき、創作に向かった人はたくさんいます。パーソナル・コンピューターの生みの親と言われるアラン・ケイは、マクルーハンの『グーテンベルクの銀河系』を半年間憑りつかれたように読みふけったあと、パソコンの原型となるコンセプト「ダイナブック」を提唱しました。

ダイナブックとは「ダイナミックな本」、「活動する本」です。修道院に鎖がつけられて保管されていた大型の写本がグーテンベルクの印刷技術によって小型の携行本になったことがイギリスに産業革命をもたらしたという話を読んで、ビルの中に設置された大型のコンピューターが誰もが手元に置くことができる印刷本のようになれば、第二の産業革命を起こせるに違いないと確信したのです。

マクルーハンの本にはアナロジーを喚起する言葉がちりばめられていますから、それに触発されたのでしょう。写本に対する印刷本の関係は、大型コンピューターに対するパソコンの関係と同じである、と「発見」するのがアナロジー思考です。問題を別な事柄を通して見るということです。アナロジー（類比）は、言われてしまえば当たり前のことでも、言われる前はなかなか人の目には見えてこないものでしょう。

アラン・ケイだけでなく、アメリカ西海岸のコンピューターカルチャー、ネットカルチャーをつくり上げたエンジニア、クリエイターたちは皆、マクルーハンの「メディアはメッセージ」、「グローバル・ヴィレッジ」という言葉のアナロジーに鼓舞され、新しい技術の開発に取り組みました。『ＷＩＲＥＤ』誌の守護聖人《パトロン・セイント》マクルーハンに、自分たちのつくっているものは「ただの機械ではなくメッセージである」、「世界を一つの村にするものである」と言われれば気持ちも高ぶったことでしょう。

さらにこんなこともありました。『地球村の戦争と平和 War and Peace in the Global Village』が出版された翌年の一九六九年、ジョン・レノンとオノ・ヨーコは「War is Over」のキャンペーンポスターを携えてトロントのマクルーハン・オフィスを訪れます。そして一九七一年、「想像してごらん、国なんて無いんだ」と唄った「イマジン」が発表されました。私の勝手な想像ですが、ジョン・レノンは、マクルーハンの地球村《グローバル・ヴィレッジ》の概念に、国境がなくなり、戦争のない理想郷としての地球村《グローバル・ヴィレッジ》を夢見たのです。レノンもまた「地球村《グローバル・ヴィレッジ》」を誤解していました。誤解であれ、発見であれ、マクルーハンの言葉に気になる言葉が一つでも見つかれば、そこからそれぞれの探究の道が始まるに違いありません。

マクルーハンは、同時代者たちが地にあって無意識に考えていたことを意識的に考えていました。同時代者たちが潜在意識の中でそう考えたいと思っているが知られずにいる、まだ言葉にできていない思想を語っていました。マクルーハンは科学者でも技術者でもありませんでしたが、自ら時代の知的な流れを加速する推進力となりました。マクルーハンがインターネットの予言者と言われるのはそういうことです。

マクルーハンの警句《アフォリズム》

・メディアはマッサージである
・利用者《ユーザー》が内容《コンテンツ》である
・電気メディアによって西洋人は再び部族化する
・車輪は足の拡張であり、本は目の拡張であり、衣服は皮膚の拡張であり、電気は中枢神経の拡張である
・上手くいっているなら、それはもう時代遅れだ
・芸術家は人類のアンテナである
・われわれは、賢者をvisionaryやseerと呼ぶほどに視覚偏重主義者なのだ
・テレビにおいては画像はあなたに投影される。あなたがスクリーンなのだ
・印刷技術が公衆（パブリック）を生み出し、電気技術が大衆（マス）を生み出した
・かつて聴くことは信じることであった
・電気は中央集権的ではなく分散的である
・文明は文字の上に築かれた

・時間の持続は、機械的な時計による時間の分割から始まった

・印刷は詩を歌から、散文を雄弁から、日常的な言葉を洗練された言葉から、
切り離してしまった

・電気時代になって、芸術とビジネス、あるいは大学と社会の間の間隙がせばまってきた

・電話は赤線地帯と商売《ビジネス》の縄張り争いを終わらせた

・テレビ第一世代は、感覚様式としての視覚的遠近法の習慣を急速に失いつつある

・教育（エデュケーション）と娯楽（エンターテインメント）を分けて考えようとする人は、
どちらについてもまったく分かっていない

・青春時代は活字が生み出した

・誰もが彼が理解する以上のことを経験する。依然として経験が、
理解すること以上に行動に影響を与えるのである。

・ヒットラーよりテレビの方が早く登場していたら、
ヒットラーなどけっして登場することはなかった

・発明は必要の母である

・視点とは、構造的認識を記録するのに失敗した結果である

・大企業においては、アイデアを出す部署は

危険なウィルスを隔離する研究所のようなものだ
・分類することはある問題の研究の始まりではなく終わりである
・光のスピードでは、政党や政策はカリスマ・イメージに場を譲る
・新しいメディアは新しい言語であり、その文法と構文法は未だ知られていない
・世界最大のプロパガンダは、われわれの母語だ
・言語が知性に行ったことは、車輪が足と体に行ったことと同じだ
・印刷技術がナショナリズムを生んだ
・大きな組織で地位が上がれば上がるほど、その人は早く「落ちこぼれ」になる。なぜなら、どんどん現場から離れているからだ

マクルーハンの言葉はなぜ人を行動に駆り立てるのでしょうか。六十年代には、「マクルーハン詣で」、「トロント詣で」と言われるほど、大企業の幹部たちがマクルーハンに会いに行きました。これほどビジネス関係者を動かした思想家はマクルーハン以外にはいません。

情報量が少ないクールな言葉が探求を誘う

マクルーハンは、「ホットなメディア」、「クールなメディア」という新奇な言葉で人々を面食らわしましたが、マクルーハン自身は「クールなメディア」でした。**クールとは、マクルーハン用語では「低精細＝情報量が少ない」ということです。マクルーハンが多用した警句**（アフォリズム）**は、説明を省いた短い言葉で真理を表すようなクールな言葉です。情報量が少なく不完全な言い回しのため、受け手がそれを補わなければなりません。つまり参与性が高くなります。**「え、なになにそれってどういうこと？」と、人を惹きつける言葉が警句です。この警句の手法は、「知識は力なり」の言葉や「イドラ」の概念で知られるルネサンス期の哲学者（マクルーハンがいうには哲学者ではなく文法学者）フランシス・ベーコン（一五六一〜一六二六）から学んだものです。

> フランシス・ベーコンは、熱い《ホット》散文と冷たい《クール》散文を対照させることに倦むことがなかった。「方法」に則って書いたもの、すなわち完全に仕立てあげられたものを、警句

で書いたもの、すなわち「報復は一種の野蛮な正義である」というような単一の観察と、対照させてみせた。受動的な消費者は完成品を求めるけれども、知を追い因を求める者は警句に赴くのではないか。そうベーコンは言うのであった。警句は不完全であり、深いところで参加を求めるからに他ならない。

『メディア論』

警句《アフォリズム》は、知の探究者を誘い込む言論の技術です。警句は、短かければいいというわけではありません。そこに新しい洞察が含まれていなければなりません。「報復は一種の野蛮な正義である」には、報復と正義、野蛮と正義という相反する印象の言葉が結び付けられ、受け手は一瞬、その承認をためらうはずです。「報復は正義なのか？」、「野蛮な正義などあるのか？」と。それを承認するためには、自らが解釈に参加する必要があります。

マクルーハンの言葉も同様です。例えば、「利用者《ユーザー》が内容《コンテンツ》である」などは、私にとっては長い間謎の言葉でした。今は納得しましたが、ここでは説明しません。マクルーハンの言葉の謎を解くには、読者自身が意味の解釈に加わる必要があるからです。一方、説明的な言葉はホットです。理路整然としていて聞き手が参入する余地はなく、一方通行のコミュニケーションになります。「なるほどそういうことね、ごもっとも、ごもっとも」で終わりです。**説明的な言葉は、明快であっても人を動かしません。**

マクルーハンがいつまで経ってもその解釈が終わらないのは、マクルーハンの言葉が隠喩で語られているからです。隠喩はクールです。聖書も隠喩で語られています。パウロ伝には、「イエスは譬えによってしか語られなかった」とあります。宗教的な言葉は必ず隠喩で語られています。宗教は概念ではないですから、何らかのレトリック的な仕掛けがないと宗教的な信念は芽生えないのです。

日本でも浄土真宗の親鸞の言葉に「善人なおもて往生をとぐ。いわんや悪人をや」という有名な言葉があります。善人が極楽浄土に行けるなら悪人が行けないはずはない、というのは普通に考えればおかしいですよね。悪人が極楽に行けるなら善人がいけないはずはない、というのが論理的です。「善人なおもて往生をとぐ。いわんや悪人をや」は逆説、レトリックです。この言葉の受け手はその意味の理解に深く参加することを求められたのです。この逆説が浄土真宗を日本最大の仏教宗派にしたといっていいでしょう。**分かりやすいということが、必ずしも本当の理解の近道ではない、**ということです。

メディア技術はどのようにして人間を変えていくのか

マクルーハンの関心は、メディアによる人間の変化にありました。それは本の副題を見れば分かります。彼の初期の著作、『The Mechanical Bride』――Folklore of Industrial Man／『Gutenberg Galaxy』――The Making of Typographic Man／『Understanding Media』――The Extensions of Man と、これらは全部人間がテーマです。社会学者は、メディアによる社会の変化を語りますが、人間そのものの変化はあまり語りません。メディア論が社会学と違うのは、技術の進歩と社会変化の間に人間の意識の変化を置くところです。社会の変化はメディア技術の影響を受けた人間の意識の変化がもたらしたものなのです。

マクルーハンはメディアが人間心理に与える影響を、前述した言語表現におけるホットとクールの概念を適用して分析しました。活字、ラジオ、映画は情報の密度が高く、受信者の参与する余地が少ないホットなメディアです。一方、テレビ、電話、漫画は受信者が想像力を働かせる余地があるクールなメディアです。それを文化論にまで拡張すると、都会人はホットで田舎人はクール、文明人はホットで未開人はクール、西洋人はホットで東洋人はクールとなります。にわかには分かりづらいと思いますが、饒舌で理屈っぽい文化の人はホット、「沈黙」に意味を込める文化の人はクールと考えればいいでしょう。

銃撃よりも参加《インヴォルヴメント》を要求する電話

こうした大胆で突飛な分類は人々を困惑させ、しばしば論争のネタになりましたが、マクルーハンは、例えば、電話が参加を要求するクールなメディアであることを、『メディアの理解』の中で次のようなニューヨーク・タイムズの記事を引用して説明しています。

精神を病み13人の男女を銃で殺害して帰宅した復員軍人のハワード・アンルーが、出動した警官隊と撃ち合いになっている真っ最中、雑誌記者がアンルーの自宅に電話するとアンルーは撃ち合いを止めて電話に出た。

アンルー「もしもし」

記者「ハワードさんかい？」
アンルー「そうだ・・・・・」
記者「なぜ人を殺すんだ？」
アンルー「分からない。まだ答えることができない。後で話すよ。いまとても忙しいんだ。」

銃の応戦よりも電話の方が参加を要求する力が強かったのです。もともと電話というメディアは、ベルが鳴れば誰とも知らない相手からの電話でもとりあえず受話器を取らなければならない性質のメディアです。そして取った以上はなにがしかの会話を相手と交わすことを強いられます。ベルが鳴っても電話に出ない、電話に出ながら相手と一言も話さないで電話を切る、相手が話し続けたがっているのにこちらから一方的に電話を切る、ことは心理的に非常に難しいメディアなのです。テレビは気にいらなかったらいつでもスイッチを切れますが電話はそうはいきません。電話詐欺がなくならないのは、詐欺師たちがそうした電話の特性を知り尽くしているからです。

またラジオがホットなメディアでテレビがクールなメディアであることについては、「ラジオは聴覚という単一の感覚を高精細度で拡張する。ラジオを聴く人々は、ラジオの音声を部族の太鼓のように聴き、それを共同体のリズムとして受け取り，そのリズムに共同体の鼓動を感じ、共鳴する。ヒットラーのラジオ演説にドイツ国民は恍惚となって踊った。テレビが先に登場していたら、そもそもヒットラーなぞは存在しなかっただろう。なぜならテレビの視聴者は、発信者のメッセージの内容を一方的に受け取るだけではなく、テレビに映った発信者の表情や態度、声のトーン、服装などから、その人間が信用できるかどうかを冷静に観察しているため、そのメッセージ内容にあまり熱くならない」と説明しました。

右脳に働きかけるテレビ

二〇二〇年一一月のアメリカ大統領選挙の結果は予想を覆す大接戦となり、結局バイデン勝利に落ち着きましたが、もしテレビもインターネットもなくラジオだけの世界だったら、ドイツ国民がヒットラーに熱狂したようにトランプが圧勝していたのではないかと思えるほど、トランプの演説は煽情的でホットでした。

ちょうど六〇年前、ケネディとニクソンのテレビ討論会が行われたとき、マクルーハンは新聞記者にテレビの大統領選への影響を訊かれ、「ニクソンが悪徳弁護士のように見えたのに対して、ケネディはなにか若い、はにかみ屋の保安官のようだった。政治家らしからぬ風貌と話し方がケネディに有利に働いている」と答えてそのとおりになりました。

ラジオで討論会を聴いていた多くの人はニクソン勝利を予想していました。テレビには視聴者の解釈の余地が多く残されているのです。このことを理解するには、若くして亡くなったナンシー関さんのテレビ評論を読むのが一番です。**ナンシーさんは、言葉にできていないけれど誰もが知っている、テレビに映ったタレントの内面を見事に描写していました。**

さらに、なぜ同じ映像メディアである映画がホットでテレビがクールなのかとの疑問には、「映画はスクリーンに投影された光の反射光を見ているが、テレビはブラウン管から画面を通過してきた光（透過光）を視聴者がスクリーンとなって直接見ているので脳の反応の仕方が違う。反射光は分析モードの左脳に働きかけ、透過光はパターン認識モードの右脳に働きかけている」と説明しました。マクルーハンは、六〇年代末に脳腫瘍の手術を受けたこともあってか、晩年メディアが人間の意識に働きかけるときの違いを、左脳と右脳の機能の違いに関連づけることに熱心でした。こうした主張に異論、反論は出ましたが、マクルーハンによって内容《コンテンツ》ではなくメディアそれ自体の特性が初めて議論の対象になったのです。

ジャンルを横断するマクルーハン

マクルーハンの本は、心理学的にも読めるし、社会学的にも、歴史学的にも、人類学的にも、言語学的にも読めるジャンル横断的な本です。他のジャンルの知識を借りて新しい地平を切り拓いていきました。ですがそれは既存の学問分類に収まらないうえに、引用は豊富でも記述の仕方が学術的ではないことから、世間の評判と反比例するようにアカデミーの世界からの批判は増していきました。問題を専門分化して〝部分〟を精緻に吟味していく近代科学の方法からすれば、門外漢が自分の領域を引っ掻き回すような論述は受け入れがたいものでした。

ですが周辺にはマクルーハンの言っていることを補強し、解説してくれる人もいました。同じトロント大学の経済史家ハロルド・イニスの『The Bias of Communication』（邦訳『メディアの文明史』／新曜社／一九八七年）や『Empire and Communications』、米国の古典学者エリック・ハヴロックの『プラトン序説』（新書館／一九九七年）、イエズス会神父にして古典・英語学研究者のウォルター・J・オングの『声の文化と文字の文化』（藤原書店／一九九一年）などが代表的でしょう。これらによって、「メディア論」が体系づけられました。

「メディア論」を知るために、マクルーハンだけ読んでもなかなか分かりません。マクルーハンの文章は説明を意図的に拒んでいますから。それが周辺の人たちの解説と補強で、「メディア論」が学問として位置付けられることになりました。「メディア論」とは何かといった場合、マクルーハン一人の仕事ではなく、マクルーハン周辺のこうした人たちの仕事の全体です。

マクルーハンって哲学者？

マクルーハンは「哲学者」なのか？　この問いは重要です。英文学者だから哲学者ではない、と考えるは早計です。**マクルーハンは哲学者でした。ただ、一般に考えられている哲学者の系譜とは違った「もう一つの系譜の」です。マクルーハンの思想は西洋の「哲学史」に位置付けて読まれるべきものです。**そのことは『哲学者マクルーハン――知の抗争史としてのメディア論』に書きました。古代ギリシアにおいて哲学者ソクラテスやプラトンと論争した雄弁家ソフィストたち、中世の教会の教父たち、ルネサンス期の古典古代の知の回復を目指した人文主義者（ユマニスト）たち、一七世紀イングランドの文法学者フランシス・ベーコン、一八世紀イタリアの修辞学者ジャンバッティスタ・ヴィーコらの系譜にマクルーハンの思想は位置づけられます。

マクルーハンをどう読むか

マクルーハンの一連の著作をどう読めばいいのかについても簡単に触れておきましょう。読み方によっていろいろなマクルーハンが見えてくるからです。マクルーハンを世界的に有名にした『メディアの理解 Understanding Media』は、日本では、みすず書房から『メディア論』として出ていますが、最初の邦訳は竹内書店から『人間拡張の原理』というタイトルで出ました。原著の副題の The Extention of Man がタイトルになっていました。だいたいマクルーハンの本は、副題が彼の言いたかったことで、本のタイトルは出版社の意向でつけられています。

私が考えるメディア理論家としてのマクルーハンの代表作は、『機械の花嫁』、『グーテンベルクの銀河系』、『メディアの理解』、『メディアの法則』の四冊です。マクルーハンは一九八〇年に亡くなりましたが、最後の『メディアの法則』の原著Laws of Mediaは、息子のエリック・マクルーハンが残された原稿を悪戦苦闘の末にまとめ上げ、一九八八年に出版したものです。この本の副題は「The New Science（新しい学）」です。エリックは、「父が生きていたら、きっとこの副題を本のタイトルにしたのではないか」と言っています。本のタイトルの「法則」に表れているように、マクルーハンが言いたかったこと、生涯かけてやってきたことは「新しい学（サイエンス）」の確立でした。マクルーハンの思想の全体像を知るには欠かせない本となりました。

マクルーハンの著作は、印刷文化の思想の型である「体系」と「説明」を避けて暗示的な記述の方法をとっています。起承転結もないので内容を概念的に理解しにくい反面、読者の関心次第で多様な読み方が可能です。そのため「メディアの理解」ならぬ、「マクルーハンの理解」といった類の本が大量に出されることになりました。マクルーハンのようにいつまでもその思想の解釈をめぐって論じられる本は他にはないでしょう。

一冊だけあるとすれば聖書《バイブル》です。聖書は、いまだにその解釈について研究されている唯一の書物です。聖書釈義、聖書解釈学と言われる学問ですが、マクルーハンの本はまるで聖書のように、その解釈が続けられている本です。マクルーハンの読み方に正解というものはありませんが、この章で挙げてきたような関心をもって読むと見えてくるものがあるのではないでしょうか。

第三章

類推

（アナロジー）

非なるものの
中に似《に》を探す

アイデアとは「新しい組み合わせ」の発見である

第一章で紹介したジェームス・W・ヤングのアイデアをつくるプロセスは、よくある「クリエイティブ思考」とか「知的創造の方法」を解説した本に共通するもので、特にそれほど新しいという感じはしないかもしれません。ですが、この本の初版が発行されたのが一九四〇年ということを考えれば、この時期にアイデアのつくり方についてこれほど分かりやすく、具体的な方法論が書かれた本はなかったでしょうから、当時創造的《クリエイティブ》な仕事に携わっていた多くの人たちにとっては、目から鱗が落ちる思いをした本だったに違いありません。今日目にする多くの「知的発想法」の類の本の土台となったのがこの本なのです。

マクルーハンの研究のやり方は、ヤングのいう五段階に対応することは前述したとおりですが、それだけではマクルーハンの発想のユニークさを説明するには十分ではありません。マクルーハンの発想の秘密は、ヤングの一〜五段階のうち、第二段階に隠されています。第二段階とは、「要素の組み合わせの段階」です。**アイデアは、まったく新しい知識などではなく、すでに知られているもの、身近にあるものの「新しい組み合わせ」なのです。**

広告の世界では、新しいアイデアは、「製品と消費者に関する特殊知識」と「人生とこの世の種々様々な出来事についての一般的知識」の組み合わせから生まれてくる、というわけです。

万華鏡は筒を回せば新しい組み合わせが自動的に出来上がりますが、人間の心はそう簡単ではありません。ヤングは、その秘訣は「事物の関連性を見つける才能」にあり、それは訓練によって高められるといいます。マクルーハンの独創性の秘密はまさにここにあります。マクルーハンは事物の関連性を見つける天才でした。

現代は「パターン認識」の時代

実は、マクルーハンの著作は、古今東西の文献からの夥《おびただ》しい引用によって構成されているため、「マクルーハンにはオリジナリティが無い。あちこちの学者や芸術家の発言を集めて編集するアンソロジストに過ぎない」との批判がありました。しかし、マクルーハンの著作は、すでに知られている事柄でも、彼が用意した文脈に置かれるとまったく別な意味として立ち上がってきて、それらが独自な生彩を放ってマクルーハン世界をつくっていま

す。オリジナリティとは無から有を生じさせることではなく、既存の知識・経験を独創的に編集し直すこと（=新しい関連性を見つけること）**、それがマクルーハン流のオリジナリティなのです。**

マクルーハンは、「現代の情報過多時代において最も有効な思考方法はパターン認識である」といっています。パターン認識とは、個別事象に「共通点」を見出し、それを通じて新しい事態に対処する知見を得る方法ですが、これは後述するように「アナロジー思考」と同じです。複雑な現代社会の中から共通のパターンを見つけ出せば、意外に世の中は無秩序でないことに気づき、それが発見（ブレイクスルー）につながります。

過去においても偉大な発見はこうしたパターン、類似の発見から生まれてきました。有名なグーテンベルクの活版印刷技術もそうでした。活字を並べた平台に白い紙を押しつける印刷機をグーテンベルクが思いついたのは、ワイン祭りでたまたま目にした箱にぎっしり敷きつめられた葡萄を絞る圧搾機《プレス》を見たことがきっかけでした。葡萄を絞るときの工程に印刷工程と同じパターンを見たのです。英語で新聞のことを「プレス」と呼びますが遡れば「葡萄圧搾機」なのです。「ブロードキャスティング」といえば今では放送のことですが、かつては「広い畑に種を蒔く」という意味でした。種の散布と情報の流布の間に「類似」を発見したことが放送技術の開発者たちの想像力を膨らませたのです。

マクルーハンは、「Aに対するB」を知るために「Cに対するD」を、さらに「Eに対するF」を、膨大な記憶データベースから引っ張り出してきました。「言語が知性に行ったことは、車輪が足と体に行ったことと同じだ」、「ハイファイへの転換は、まさにかつてキュービズムが絵画に対して、サンボリスムが文学にたいしてもったと同じ意味を、音楽に対してもつことになった」というふうに。話があちこち飛ぶ、首尾一貫していないと批判されましたが、それがマクルーハン流の思考なのです。

こうした思考は、線的な思考を押し付けてくる印刷文化の時代には、「科学的でない」、「客観的でない」として退けられてきましたが、電気的技術がもたらした大量の映像と音声が瞬時に飛び交うメディア社会においては有効な思考方法として見直されつつあります。後述する「隠喩《メタファー》」が復活してきているのも同じ理由です。**情報の海の中から似たパターンを見つけること、個々の問題を分析的に理解するのではなく、比喩的に一挙に把握することが問題解決の近道なのです。**

世界は「線的」「因果論的」に進行する時代から、「並行的」「同時的」に進行する時代に移っています。こうした同時多発的に事態が進行する状況において、印刷文化の線的思考に代わってメディア文化の新しい思考方法が台頭してきているのです。

レトリックはもう一つの哲学である

思考は言葉によって生まれます。

言葉にはロジック（論理）の言葉とレトリック（修辞）の言葉があります。文学者ならともかくビジネスパーソンにとって、レトリックという言葉はあまり良い印象の言葉ではありません。「レトリックに騙されるな」といった否定的な使われ方が多い言葉です。「真実をごまかす言葉の装飾」というのが一般的なレトリックのイメージでしょう。レトリック（rhetoric）には、雄弁術、弁論術、修辞学の訳語がありますが、日本社会は孔子の「巧言令色鮮《すくな》し仁」や「沈黙は金、雄弁は銀」の格言が過度に浸透していますので、あまり言葉巧みな人、口数の多い人は尊敬されません。

しかし、欧米では違います。少なくとも政治的な指導者、組織の指導者はみな巧みなレトリシャンです。欧米では古代ギリシア以来のレトリックの伝統が残っています。では、レトリックとは言葉の装飾でしょうか。哲学者の三木清はこう言っています。

> レトリックは言語に関する学であるが、言語と思考とが一つのもの或いは不可分のものである限り、レトリックもまた思考の学の一種と見られてよい筈である。我々は実にそのように考える。レトリックはその本質において単なる雄弁術乃至いわゆる修辞学でなく、言語文章の上の単なる装飾、美化の術ではない。近代の哲学はレトリックの問題を殆ど全く無視もしくは忘却しているが、これはその抽象性と貧困化とを語るものである。哲学は自己の本質を失わないためにここでも自己の端初、即ちギリシア哲学に還らなければならない。ギリシア哲学においては論理学よりもレトリックが寧ろ先位を占めていた。
>
> 「レトリックの精神」／『哲学ノート』

雄弁は知であり力である

われわれ人間は言葉を使って思考しています。西洋では人間と動物を分けているのは言葉を使う能力であるといわれ、言葉を巧みに使えることが、賢い人間、知恵のある人間の証であると考えられてきました。それが、後述するようにソクラテスとその弟子プラトンによってロジックとレトリックが分離しました。それは知識と知恵が分かれたということなのです。三木清はそのことをいっているのです。

知識の集積が必ずしも知恵の獲得につながるわけではありません。マクルーハンが一貫して問題にしていたのもこの「言葉と知性」の分断でした。**三木清が言うように、ロジックとレトリックが一体であった時代に、すなわち知識と知恵が一体であった時代に戻らなければならない、というのがマクルーハンの「メディア論」の根幹にありました。**

マクルーハンは、ソクラテスとプラトンに批判された雄弁家ソフィストたちに優れた人間性を見ていました。マクルーハンは現代の雄弁術《レトリック》の見本市とも言える企業の広告が、本来あるべき雄弁術からかけ離れたものになっていることを批判して次のように書いています。

> キケロ以前にも、古代ギリシアのソフィストたちが、雄弁術を通じて人間の知と力を育てる方法を講じていた。しかしソフィストの場合は言葉と知性を分裂させるようなことはしておらず、そこがこの広告と違う点である。人間はその言語能力によって獣と区別されると考え、言語と理性は一体であり、いずれか一方の発展は他方の発展を伴うものであるとされていた。雄弁を身につけるために百科事典的学習教程が必要

とされたのもこのためであった。かくして雄弁は知であり力であると同時に、政治における思慮分別ともなったのである。（中略） 古来考えられてきた雄弁が、公共の責任と格別に結びつき、さらに一貫した方針のもとに、感情をも理性と美徳の高揚に参画せしめていたのに対して、現代版の雄弁は無闇矢鱈に言葉と感情を乱用して消費者に媚を売り、まさに扇動《デマ》に終始している。

『機械の花嫁』

共産主義はサービスである

マクルーハンの目指したものは古代の「レトリックの知」の回復です。マクルーハンがそれを回復させるというのではなく、電子メディアによってかつてあった「レトリックの知」が戻ってくる、というのがマクルーハンのメディア論なのです。ここで古代ギリシアの哲学とメディア論がつながってきます。ケンブリッジ時代、マクルーハンはレトリック研究を専門としました。竹村健一氏の本に、「私の卒業論文は文学ではなく修辞学《レトリック》だということを忘れないでもらいたいね」と笑いながら竹村氏に言ったという記述がありますから、マクルーハンのレトリックへのこだわりは並大抵ではありません。レトリックにはロジックにはない思考の飛躍があり、マクルーハンはそれに魅せられていました。

竹村氏はマクルーハンの思考方法について面白いエピソードを紹介しています。当時ニューヨークのフォーダム大学の客員教授として教えていたマクルーハンに会いに行ったときのことです。竹村氏は事前にマクルーハンに日本文化とマクルーハニズムの関係について学生に話してくれと頼まれていたので、用意周到に準備して、芭蕉や老子、禅など東洋の象徴主義的文化がマクルーハニズム的であるとの話をしたところ、学生に大いに受けました。ただ、翌日も教室に招かれて行ってみると、マクルーハンから「アジア人と共産主義」について話をしてくれと突然言われ、さすがの竹村氏も一日目と違い何の準備もしていないし、自分がアジアを代表して話す資格があろうとも思えないと言うと、「そういう言い訳をするところが活字人間の特徴である。君も英語の勉強をしているうちにそういう言い訳をする活字人間になっている」とマクルーハンに言われ、已むなくぶっつけ本番で臨んだといいます。

なんとか発言を終えた竹村氏の後に教壇に立ったマクルーハンは、「**共産主義とはサービスである。電話はサービスである。電気世界はすべてサービスであり共産主義である**」と言って学生たちをポカーンとさせました。そして「なぜならだれもそれを所有しないからだ」と続けました。これこそがマクルーハンの発想法、すなわちアナロジー思考なのです。**アナロジー思考は、まったく関係ないと思われる事柄の間に思いもよらない「関連性」、「類似性」を見つけ、世界をつなげていく思考の技術です。**前述したパターン認識もその一つと言えるでしょう。アナロジー思考によってそれまで支配的だった論理思考の常識が揺らぎ、新しい見方が生まれます。

駄《だ》洒《じゃ》落《れ》がアイデアを生む

実はこうした思考方法は、意識していないだけでわれわれの日常にあふれています。身近なところでは演芸テレビ番組の『笑点』などでよくみる、「AとかけてBと解く」「その心は？」「AもBもCである」といった「なぞかけ」などもその一つです。AとBは一見なんの関係もないと思えるのですが、Cという共通項によって、AとBが一挙に結びつき、聴衆に「なるほど」と思わせます。不倫を記者に問われた落語家が、（落語家）「不倫とかけて東京湾を出て行った船と解く」、（記者）「その心は？」、（落語家）「今、コウカイの真っ最中です」と答えたと話題になりました。

活字の線的思考に慣らされた人はこうしたことば遊びは不得意でしょうし、好まない人も多いでしょう。ですが、このばかばかしい「ことば遊び」から何かクリエイティブな感覚を感知できる人もいるはずです。駄洒落に苦笑したとき、何か新しい世界が開けた感覚を経験したことはないでしょうか。実は、こうした語呂合わせも西洋の古典レトリックでは「詞喩（パロノマシア）」という比喩の一つに分類されている立派な比喩表現なのです。

語呂合わせ（駄洒落）は、活字文化の中では低俗で、文字どおり「駄作」のジョークの扱いを受けますが、コウショウ文化においては実はコウショウな遊びなのです。江戸時代には、「破れ障子と掛けて冬のウグイスと解く。心ははる（春＝貼る）を待つ」といった優美ななぞかけもありましたし、和歌でも、「待つ」と「松」、「聞く」と「菊」、「秋」と「飽き」の掛詞のように、音の類似性を使って楽しむことは口誦文化においては低俗どころか文化人の教養の一つでした。駄洒落は、アナロジーによる創造的な思考プロセスなのです。駄洒落が飛び交う組織は創造《クリエイション》が生まれ、活字が大量生産される組織は官僚がはびこります。

マクルーハンは駄洒落が大好きでした。マクルーハンの著作で一番売れた本は『メディアはマッサージである』（邦訳・河出書房新社／二〇一五年）という本です。『メディアはメッセージ』（こういうタイトルの本はない）ではありません。「メディアはマッサージ」と言い出したのは、出版社の誤植で「The Medium is the Message」が「The Medium is the Massage」となって上がってきたのをマクルーハンが気に入って本のタイトルにしたといいます。言葉の意味は文脈によって、いかようにでも広がっていきます。マクルーハンは言葉を入れ替えることでアイデアの可能性を探っていました。その後さらに、「メディアはマスエイジ Mass-age（大衆の時代）」、さらに「メディアはメスエイジ Mess-age（混乱の時代）」と次々に駄洒落を発して混乱に拍車をかけたマクルーハンとはそういう人なのです。

縦に考えるか、横に考えるか

マクルーハンは、自分の正しさを論理によって論証しようとはしませんでしたが、多くのマクルーハン・ファンがいるということは、マクルーハンには何らかの「説得力」があったということでしょう。この「説得とは何か」ということこそ西洋二五〇〇年の人文学の歴史を貫く主要な問題であり、マクルーハンの仕事の関心もそこにあったと言っても過言ではありません。西洋で生まれた民主主義の本質は、言葉によって相手を説得し、納得させることにあり、それが西洋文化をつくってきました。

人間の思考を単純化すれば、「縦に考えるか」「横に考えるか」の二通りになります。いわゆる垂直思考と水平思考です。かつて『水平思考の世界』（エドワード・デボノ／講談社／一九七一年）というベストセラーになった本がありましたが、水平思考は、西洋において支配的な思考方法であった垂直思考、すなわち論理思考の欠点を補う思考です。デボノは水平思考がいかに創造的かをこんな故事を挙げて説明しています。

昔、一人のロンドンの商人が金貸しから多額の金を借りていた。もし借金が返せない時は、監獄に放り込まれるという時代である。年老いた醜い金貸しは商人のティーンエイジャーの娘が気に入って、ある取引を提案した。娘をくれるなら、代わりに借金を帳消しにしてやろうというのである。途方にくれる商人と娘を前にして、金貸しは運を天に任せてみてはどうかといって一つのくじを作った。空っぽの大きな財布に黒い小石と白い小石を一つずつ入れるから、娘にそこから一つをつかみ出せといった。もし娘が選んだ小石が黒ならば娘は金貸しの妻となり、商人の借金は帳消しにする。娘が選んだ小石が白ならば娘は今までどおり父親と一緒に住んでいてよく、商人の借金も帳消しにしてやろうというのである。娘が石を選ぶのを拒めば、父親は監獄送りになり、娘はたちまち食べてゆけなくなってしまう。商人は仕方なしにこれに同意した。

そこで金貸しは、三人が立ち話をしていた商人の庭の、小石を敷きつめた小道から二つの小石を拾って財布に入れた。ところが、娘は金貸しが財布に入れた石が二つとも黒い石だったのを目ざとく見つけて思わずゾッとした。この絶対絶命のピンチを娘はどう切り抜けたのか。娘は財布に手を入れて小石を一つ取り出すと、うっかりを装ってそれを小道に落とした。小石はすぐにほかの小石に紛れ込んで分からなくなってしまった。「まあ、私ったらなんてことを」と娘は言った。「でも大丈夫、財布の中に残っている小石を見れば私が選んだのが黒か白か分かりますものね」。財布に残った小石は黒であるから娘が落とした小石の色は白と推定されなければならない。自分の不正を認めることができない金貸しは、娘が選んだ小石は白であると認めざるを得ない。娘は「自分が選ぶ小石」ではなく、「財布に残る小石」から発想することで金貸しの悪だくみを、相手に文句を言わせる余地を与えることなく、上手くかわすことができたのである。

『水平思考の世界』要約

ピンチをチャンスに変える水平思考

水平思考についての逸話は他にもたくさんあります。誰でも知っているコロンブスの卵の話が良い例でしょう。コロンブスが卵の一方を砕いて平らにして立ててみせると、ある男が「そんなことなら誰でもできる」と不平を言いましたが、彼は卵を壊してはいけないという常識に縛られていました。「**新大陸発見は、世界は平らだという常識に縛られていないからできた**」とコロンブスは言いたかったわけです。

天然痘ワクチンを開発したエドワード・ジェンナーは、なぜ天然痘にかかるのかという見方から、なぜ酪農場で働く女性は天然痘にかからないのかという見方をして、人体に無害な牛痘接種法によって西洋から天然痘をなくしました。天然痘の病原菌について詳しく分からなくても、天然痘にかからないワクチンができれば問題は解決します。ジェンナーの発想は問題解決の近道でした。

シャーロック・ホームズは、犬が何かするだろうと思われていたのに、何もしなかったということが非常に重要だといって難事件を解決しました。

西洋の例ばかり出しましたが、実は日本は水平思考の宝庫です。機知《ウィット》に富んだ答えで窮地を逃れる一休さんの頓智《とんち》話などはその典型でしょう。水平思考の人は、硬直的なものの見方に縛られず、事態を別の角度から見ることによってピンチを大逆転に変えることができるのです。思考のプロセスの美しさよりも良い結果がでればそれでいいのが水平思考です。

現場こそアイデアの宝庫

一方、垂直思考の人は、事態を冷静に見渡し、綿密に検討し、論理的に考えを進めますが、商人の娘の話のように切羽詰まった状況を打開することはできません。論理的で話の筋が通っているということは前提の中に結論が織り込まれているということで、そこに新しい発見は生まれないのです。

日常の言葉では、「だから」とか「したがって」という言葉が発言に多く入る人は垂直思考の人です。一方、「ところで」「たとえば」「そういえば」と、横へ横へ話題を展開していく人は水平思考の人です。論理思考が支配している企業組織においては、こうした文脈を欠いた水平思考の人は「非合理的人物」とされ、低い評価をされがちです。ですが、この文脈を欠いた水平思考こそマクルーハンのいうクールな思考、すなわちアナロジー思考なのです。**「説明」という線的思考を逃れ、視点を変えながら問題を三六〇度から考察していきます。聞き手の方も、自身で解釈する余地（遊び）が多く残されているため、問題への関与度が高まり、コミュニケーションにおける創造の場が生まれます。**

大企業などでは、上司が「柔軟に考えろ」と言いながら、その上司が論理一辺倒の人というのは珍しくありません。会社組織、官僚組織において上に行けば行くほど水平思考は難しくなります。マクルーハンが、「落伍者《ドロップアウト》としての経営幹部《エグゼキュティブ》」と指摘した事態です。現場を離れ、思考のための材料を欠いているのです。**新しいアイデアは、垂直思考の統制が弱まった組織の末端（現場）でしか生まれません。**そこはまた「新しい組み合わせのための資料」が豊富にそろっています。創造《クリエイション》を必要としている現場では水平思考型人間は不可欠な人材と言えるでしょう。

思いがけない発見
「ユーレカ（わかった）！」をもたらす思考

デボノは、垂直思考は一つの穴を深く掘り続けるが、水平思考はいろいろな穴を掘る試行錯誤型の思考である、と言っています。「いろいろな穴を掘る」とはヤングのいう「資料の収集」と「新しい組み合わせ」を見つける作業です。目標を硬直的に定めないでいろいろな穴を掘っているうちに偶然、金鉱脈を発見するかも知れないのが水平思考です。

『知的生産の技術』を書いた梅棹忠夫氏も「**〝発見〟というものは、たいていまったく突然にやってくるものである。まいにちみなれていた平凡な事物が、そのときには、ふいに新しい意味をもって、わたしたちのまえにあらわれてくるのである**」と言っています。科学者などが、偶然思いがけない発見をしたときに使われる「セレンディピティ」もこれに似ています。

目標を定めて理詰めで進む垂直思考は、確実性は高くても、せいぜい予《あらかじ》め想定されていた結論が間違いなかったことを確認するだけに留まります。高度成長期など目標がはっきり定まっているときには機能しますが、目標を見失い、新たな目標を「発見」しなければならない局面においては有効ではありません。

企業の経営幹部の育成プログラムでは、依然「論理的思考力を身につける」ことが重視されていますが、最近、「アナロジー思考」に関するビジネス書も見かけるようになってきました。会社が方向を見失い、事業が行き詰まっている状況は、従来の公式が通用しなくなり、論理思考では解決できない局面に来ているということです。そこでは分析的で緻密な論理思考ではなく、思考を総合・拡張していくアナロジー思考が必要となります。**アナロジー思考は確実性は低いですが、思いがけなく「ユーレカ（わかった）！」の瞬間が訪れることが期待できる創造的な思考方法なのです。**

スティーブ・ジョブズが傾倒した禅

そうしたアナロジー思考で成功をおさめた事業家の代表といえば、スティーブ・ジョブズでしょう。修道院に大切に保管されていた大型の写本が携行本になったように、居間に鎮座していた電話機が携帯電話になったように、大型コンピューターがパソコンになったように、ジョブズにはパソコンがiPhoneに姿を変えていくことがはっきりと見えていました。情報に関わる技術（メディア）は小型化されポータブル化されることを望んでいます。

ジョブズは、「アップルはいつも、テクノロジーとリベラルアーツの交差点に立とうとしていた」、「創造性とは、いろいろものをつなぐ力だ」と言いましたが、これはイタリアの修辞学者ジャンバッティスタ・ヴィーコがインゲニウムと呼んだ「異種のものを関連づける知性の能力」です。

「つなぐ」時に必要なのは、分析的なロジカル思考ではなく、経験を拡張していくレトリックの知、アナロジー思考です。ジョブズが禅に傾倒していたことは良く知られていますが、禅同様、論理を離れ直感的な認知を促すレトリックの知には、民族の歴史と文化を丸ごと認識の地として利用できる強みがあるのです。

第四章

譬え話

人を征服しないで
納得させる

論理思考はソクラテスから始まった

マクルーハンは著作でも講演でも、自身の主張の正しさを論証によって説得するようなことはしませんでした。人文学者であるマクルーハンは、人間がどういうものであるかよく分かっていました。**自然科学のようなものと違い人間の社会や心の問題は、実験や実証ができるものではなく、理屈で論証できるものでもありません。**論証的説明は「論争」を呼び、反対者の土俵で相撲をとるようなものです。仮に相手を論破しても気まずさが残るだけで、納得などしないのが人間なのです。そのようなときに有効なのは、アナロジー的な理解への誘導です。

現代人のほとんどは、何らかの組織に所属しています。そこでの悩みのほとんどは、対人コミュニケーション、人の説得ということになるでしょう。企業において、人を説得し、自分が理解されないことには、仕事は前に進みません。人間組織において人を説得するときには論理的思考が必要です。企業の幹部になるためには、一にも二にも論理的な思考能力が求められます。ではその論理的な思考とはどういうものでしょうか。

前提一：すべての人間は死ぬ
前提二：ソクラテスは人間である
結　論：ゆえにソクラテスは死ぬ

論理的思考の基本形とは、演繹論理学、すなわち「大前提が真で、小前提が真であれば、結論は必ず真となる」という定言三段論法的論証形式です。論理思考は、首尾一貫した整合性をもった推論であるため、形式的・硬直的にならざるを得ません。創造性には欠けますが、説明と説得には向いています。論理思考は、古代ギリシアの哲学者ソクラテスが使った問答法（ディアレクティケー）から発展してきた思考です。ソクラテスの問答法《ディアレクティケー》あるいはそこから派生した論争に勝つことだけを目的とした争論術（エリスティケー）とは次のようなものでした。

（エウテュデモス）「ものを学ぶのは知者か無知者か」
（少年）「知者です」
（エウテュデモス）「しかし学ぶ時に、君は学ぶ事柄を知っていて学ぶのであろうか」
（少年）「知らないで学ぶのです」

> （エウテュデモス）「そうであれば、君はそれを知っていなかった時、知者であったか」
> （少年）「知者ではありません」
> （エウテュデモス）「知者でなければ無知者ではないか」
> （少年）「そうです」
> （エウテュデモス）「しからば、ものを学ぶのは知者ではなくて、無知者でなければならぬ。君の最初の答えは間違っていたのだ」
>
> 「エウテュデモス」／『プラトン全集8』

これはプラトンが争論術《エリスティケー》の論じ方を「詭弁」であると批判するために書いたものですが、後述するように、プラトンの師ソクラテスの問答法《ディアレクティケー》も目的は違えど同じ形式でした。ソクラテスは、古代ギリシアにおいて弁論術（レトリケー）を教えるソフィストと論争した「哲学者（フィロソフォス）」として知られていますが、実際には、ソクラテスは「ソフィスト」として告発され、有罪判決を受けて毒杯を仰いだのです。ソフィストは今日では「雄弁家」であるとともに「詭弁家」の悪名で呼ばれています。

ソクラテスは哲学者ではなかった

ソフィストは、ギリシア語の原語「ソピステース」（sophistes）で「知恵のある者」を意味しました。sophisticated（洗練された、上品な）という言葉があるように、もともとソフィストという呼称に嫌悪的な意味はありません。古代ギリシアでは、ソフィストは知者として尊敬され、社会的にも影響力をもった弁論家集団でした。

では、なぜ「詭弁家」の悪名で呼ばれることになったのでしょうか。その理由ははっきりしています。ソクラテスの死後、プラトンがソフィストに浴びせた激しい批判です。

プラトンは一連の対話篇で、ソフィストとソクラテスを明確に対比させることで「哲学者ソクラテス」を鮮やかに描き出しました。その目的はソフィストとして毒杯を仰いだ師ソクラテスがソフィストで「ない」と弁明することでした。ソフィストではなく、哲学者（フィロソフォス）であるとして名誉回復を図ることでした。ですが、ソクラテスの他の弟子たちの著作ではソクラテスとソフィストは明確に区別されていません。ソクラテスの時代、ソフィストと哲学者に明確な区別はなかったのです。ソクラテスの死後書かれたプラトンの中期対話篇『国家』の頃になって「フィロソフォス（哲学者）」という名詞がようやく出てきます。ソクラテスの生きていた頃、「哲学者」などいなかったのです。

長広舌か一問一答か

ソクラテスとソフィストの対立は、実際は、異なるタイプの言論技術を教える二派の弁論教師《ソフィスト》間の抗争でした。

一つは、集会や法廷などで、長広舌でレトリックを駆使して聴衆を説得する技術を売り物にする雄弁家グループ（長広舌派）であり、もう一つは、一問一答形式で相手を矛盾に追い込んで討論に勝つ技術を教える問答家グループ（一問一答派）です。前者は、聴衆の説得が目的ですから様々なレトリックや古《いにしえ》の英雄の言葉などを引用して「なるほどそうか」と思ってもらわなければなりません。説得というより納得です。一方、後者は目の前にいる一人の相手を討論によって言い負かすわけですから論理的思考が必要です。

長広舌派の起源は古く、ホメロスやヘシオドスなどギリシアの吟遊詩人に遡ります。彼らはギリシアの口誦の伝統を受け継ぐ正統の知性集団です。一方、**一問一答派の起源は、紀元前八世紀にギリシア社会に導入されたアルファベットです。新しいコミュニケーション**

手段がギリシア社会に導入され、伝統を保存する第二のまったく新しい手段を手にしたことで、ゆっくりと、しかし着実にギリシア人の心性を変えていきました。この新しく出現した線的・ユークリッド的世界観の心性に合致した新しい言論方式を教えるのがソクラテス率いる一問一答派でした。

両派はそれぞれ一つの論法しか使わないということではなく、どちらを得意としているかという違いだったので、アテナイ市民には両派の違いは分からなかったかも知れません。ソクラテスの相手ゴルギアスも対話の冒頭で「一問一答でも構わない」と言っていますし、ソクラテスも長広舌は苦手と言いながら見事な弁論を披露している場面もあります。両者はともに言論教師「ソフィスト」と呼ばれ、アテナイ社会で尊敬されていましたが、書くことが浸透して線的な思考に慣れ親しんだ若者たちにとっては、昔の英雄伝や神話を長々と聞かされる時代遅れの長広舌派よりも、切れ味するどく結論に向かうモダンな一問一答派の方が圧倒的に人気がありました。一問一答派の影響を受けて、真理の探究のために問答法を使うのではなく、相手をただ言い負かすことだけを目的とした言論の遊戯「エリスティケー（争論術）」が発達してきました。

相手を屈服させるソクラテスの問答法

プラトンは争論術（エリスティケー）を使って相手を言い負かす争論家を詭弁家と批判しましたが、そもそもこの「争論術《エリスティケー》」は、ソクラテスの「問答法《ディアレクティケー》」から派生したものでした。プラトンの書いた『ゴルギアス』、『プロタゴラス』など初期対話篇には、ソクラテスが争論家と同じ論法で相手のソフィストを矛盾に追い込み論駁する姿が描かれています。

ソクラテスは、予め相手が得意とする長広舌を封じて自分の土俵である一問一答方式で対話することに同意させます。そして自分は無知を装って（ソクラテスの「空とぼけ（エイローネイアー）」）、誘導尋問のような質問を重ねながら、「善」「美」「正義」といった語のもつ多義性、あいまいさに乗じて自分が企図した前提に巧みに誘導すると、後は演繹的な論法で相手を矛盾に追い込んでいきます。それも相手の知を否定するだけで自分の知は一切語りません。相手の真理探究を手助けする「産婆術」（ソクラテスの母親は助産婦でした）と称して、屁理屈で相手をやり込めるのがソクラテスです。論駁《ろんばく》されたソフィストが自分の無知を悟り納得した状況とはほど遠く、何《いず》れも気まずい終わり方をしています。**問答法は、相手を屈服させることはできるにしても心服させることはできない、まさに論争のための技術なのです。**

ギリシアの口誦の伝統がアルファベット識字の浸透によって転換期に立っていたその時期に、識字によって培われた線的で合理的な思考を完成させるギリシア語の新しい用法がソクラテスの問答法《ディアレクティケー》でした。

ソクラテスこそ詭弁家か

初期対話篇を読んだ人は、ソクラテスこそ詭弁家だと感じるはずです。ソクラテスには面白い話が残っています。ソクラテスがまだ壮年の頃の前四二三年、喜劇作家のソフィスト、アリストパネスは『雲』という作品で、口先で人を騙し、弱論を強弁する術を教授する「ソフィスト・ソクラテス」の姿を面白おかしく描いているのです。

『雲』は、借金の返済に困った男が「正邪にかかわらず議論に勝つ方法を教える」というソクラテスの学校のことを聞いて、「債権者を法廷で言い負かして借金を棒引きさせよう」と息子をその学校に入れますが、その技術を身につけた息子が当の父親を殴っておきながら巧みな強弁で言い逃れするため、怒った父親はソクラテスの学校に火をつけるという喜劇です。ソフィスト仲間でもソクラテスの「詭弁度」は他を圧倒していたのです。

ソクラテスの問答法《ディアレクティケー》をまねて、相手を言い負かすだけの争論術《エリスティケー》に走る者も出てくるに至って、アテナイ支配層にとっては、若者に詭弁の言語遊戯を教えるソクラテスはギリシアの口誦の伝統を破壊する危険人物に映ったのでしょう。告発され、有罪となって毒杯を仰いだソクラテスは、「悪法も法なり」と言ったことになって、西洋世界の知的英雄となりました。

一方、ソクラテスの弟子プラトンによって詭弁家のレッテルを貼られた弁論術《レトリケー》を駆使するソフィストは、ギリシアの口誦の伝統を受け継ぎ、民族の神話や古の英雄たちの言葉を引用しながら、聴衆が自ら「納得」に至るよう導いていました。つまり、後述する「マーシャール」の名手であり、アナロジー思考、水平思考の祖なのです。後の弁証学、論理学の起源となったソクラテスの問答法によって、ギリシアの知は「ロジック」と「レトリック」の二つに分裂することになりました。

狂人は論理的な間違いをしない

現代社会は「論理」によって成り立っています。論理は理性的であり、感情に惑わされ

ず正しい判断に人を導くと考えられています。ですが、「論理的に正しい」ことと「経験的に正しい」ことは違います。例えば、

前提一：すべての人間は死なない
前提二：ソクラテスは人間である
結　論：ゆえにソクラテスは死なない

これは論理的には正しいですが、前提を間違えていることがすぐ分かります。その結果、結論も間違えています。**つまり、この論法は前提を間違えたら崩壊します。一歩間違うと、論理的に正しいため間違えていることに気づかないまま結論を迎えてしまう危険性があるのです。**例えば、この例はどうでしょう。

前提一：このサービスはアメリカで流行っている
前提二：アメリカで流行ったものは二、三年後日本でも流行る
結　論：このサービスは日本でも成功する

これは、前提一も前提二も、正しいこともあれば、間違っていることもあります。まずは前提の検証が必要です。ですけど、なんとなく説得力がありませんか。それはこの論法が形式的、数学的だからです。前提が正しければ結論は間違いない、という論法だからです。そのうえ、「社長がこのサービスに関心もっているらしい」といった、さらに真偽が不確かな前提三が加わることもあります。それでこのプロジェクトは実行に移されることになります。

ここまでくると論理的でもなんでもないのですが、このような議論と結論は組織においては日常茶飯事と言えるでしょう。前提の検証がおろそかなまま、一見論理的に結論が決まってしまうのです。そして、このプロジェクトに気乗りがしなかった人に実行のお鉢が回ってくるのもよくある話です。

自然科学と違い、人間社会は実験によって真偽を検証できない事柄で成り立っており、その中で判断を求められます。偏った論理思考は時に大きな過ちを犯してしまうことがあるのです。マクルーハンはこうした論理思考に対して「**狂人は論理的間違いはしない。前提を間違えているだけだ**」と強烈な皮肉を投げかけています。

現代人が学ぶべき古代ギリシアの弁論術《レトリック》

いずれにしても現代社会に生きる人間は、その時々の場面でどういう論法で人を説得するか、どうすれば誤った方向に向かう議論を軌道修正できるか、ということの成否でその人の人生は変わってくるでしょう。

ソクラテスが有罪になったのは、弁論が巧みでなかったからとも言われています。どんなに理屈で相手をやり込めたところで、相手が納得してくれなければ有罪になってしまうのです。「理屈は自分の方が正しい」と言ってみたところで意味がありません。

コミュニケーションの成否は、人の心を動かせるか否かにかかっています。古代ギリシアにおいて巧みな言葉の技術、弁論術を必要としていたのは、政治家と法廷弁護人だけでした。あとの人は、奴隷か自由民です。自由民というのは奴隷を働かせて遊んで暮らしている人なので、言論の技術を身につける必要はありません。ですが現代人はみな何らかの組織に属しています。**上司の無理難題を機嫌を損ねることなく回避できるかどうか、組織において成功できるかどうか、自己実現できるかどうかは、その人の言論の技術にかかっています。**ということは、現代人は古代ギリシアの言論の技術を学ばなければいけないわけです。

別に誰もが弁舌巧みにならないといけないということではありません。組織内のコミュニケーションにおいて、相手はどういう論法できているのか、どういう心理状態にあるのか、自分はどういう論法を使うのがいいのか、明確に語るのがいいのか、ほのめかすのがいいのか、ということを深く考えることが大事であるということです。単なるプレゼンテーション・スキルを磨くこととは違います。正論を言えばいいというわけでもありません。コミュニケーションとは、**説得することではなく、相手の納得をどう獲得するか、ということなのですから。**

人を征服しないで納得させる言葉「マーシャール」

「説得とは何か」を知るために役立つ一冊の本を紹介しましょう。それは、『ビジネスマンのためのマーシャール』（山本七平／講談社／一九八八年）という本です。これは「マーシャール」という言葉が気になって購入したのですが、これが実に面白い本でした。

山本七平は、山本書店に営業にきたナショナル（現パナソニック）の伝説の営業マンの話を書いています。当時出たばかりの「金銭登録機（レジスター）」を売りに来たセールスマンＴ氏に、あまり無視するのも失礼かと思い、ある日、「あれは、どんな機械なんですか」と漠然とした質問をしたことがありました。そうするとＴ氏は「人間を正直にする機械です」と答えたというのです。山本はこの妙な返事に「そりゃどういう意味ですか」と聞き返しました。この時点で山本はもう相手のペースに乗せられていました。さらにＴ氏は説明の最後に「いわばせっかく造った商品も、この最後の段階を全うしなければ生かされないわけですから、商品の使命を達成させる機械ともいえます」とも言ったといいます。詳しいことは省きますが、後にＴ氏がナショナルの伝説のセールスマンと呼ばれたのもむべなるかな、と思える話です。

マーシャールとは、古代オリエントで培われた知恵文学のことです。分かりやすく言うなら「譬え話」です。民族の知恵が凝縮され、さらにユーモアが加味されていれば申し分のない譬え話（マーシャール）になります。**ユーモアは、論理がわれわれの脳に強いる線的思考の束縛から解き放ってくれます。**マクルーハンの駄洒落《ワードプレイ》がそうだったように。

レジスターを売るとき、機能と価格で売ろうとするのは知識による「説得」です。ですが、いくら機能と価格で「説得」できたとしても、最後の購入の手続き（契約）までしてくれなければ意味がありません。それをT氏は顧客を説得することなく、ユーモアある「譬え話」を使ってセールスの結果を出していました。イエス・キリストも「譬え話」で伝道しました。セールスと伝道は論破しても意味がないのです。

コミュニケーションにおける相手への効果《エフェクト》を重視したマクルーハンの手法は、まさにこのT氏やイエスがとった手法と同じだったと言えます。つまり、アナロジー的な理解への誘導です。世の中には、譬え話でしか相手が納得してくれないことがあるのです。そもそも聞く耳をもたない人を論理で説得しようとしても無理というものでしょう。そんな場合でも譬え話が有効な理由は、譬え話がハイコンテクストなコミュニケーションだからです。同じ文化を共有している相手に用いれば、譬え話に暗示されたメッセージは、なんなく聞き手の心に入り込むことができます。山本は、聖書学者リキオッティの次のようなマーシャールの定義を紹介しています。

> 最も卑近な現実から始め、最も高い概念を明らかにする。それは無知なるものにも理解できるが、学識のあるものには反省を促す。それは文学的なあらゆる技巧を欠くが、人を感動させる力において最高にみがかれた文学的技巧を凌駕する。それは人を

> 驚かせないで説得する。それは人を征服しないで納得させる。
>
> 山本七平『ビジネスマンのためのマーシャル』

人を征服しないで納得させる言葉がマーシャルなのです。それは、マーシャルに暗示された「聞き手がすでに分かっていること」と「話し手が新たに伝えようとしているまだ分かっていないこと」がどこか似ていることに感動とともに気づく結果、「分からなかったこと」が分かってしまうということです。それは一つの創造行為です。あの湯川秀樹博士も、「譬え話」が聞き手のみならず話し手にとってもいかに創造的かをこう語っています。

> さて学問における創造性の発現の具体的な形は何かということについて、昔からよく言われているのは、類推という知的作用の活用です。類推と言われるものの中で、一番簡単な形は比喩です。譬え話です。（中略）これは狭い意味での合理的思考ではない。実証でもない。演繹論理でも帰納論理でもない。（中略）譬え話そのものが、自分自身の考えた道筋を表している場合が多いように思われます。「荘子」など見ても、いろいろ面白い譬え話がありますけれど、荘子自身もそういう譬え話を考えることによって、この世界を理解した。それがそのまま創造的な活動であった。

譬え話は、話し手自身がその複線構造を通じて思索を深めていくための手段でもあるのです。

（湯川秀樹『創造への飛躍』）

合理精神が失ったもの

一方、論理というのは、「相手を征服する」傲慢な言葉です。相手を理詰めで言い負かして「説得」する技術です。でも「説得」された人は本当に「納得」するのでしょうか。納得してくれなければ人は動きません。人を動かすことができなければ議論に勝ってもコミュニケーションとしては失敗です。

マクルーハンは、言葉には相手を論破することなく人を動かし、変容させる修辞（レトリック）の力があると信じていました。マクルーハンがプロテスタントからカトリックに改宗したのもこれに関係しています。

一般にわれわれ日本人は、マックス・ヴェーバーが「プロテスタンティズムが資本主義の起源である」と言ったことに代表されるように、西欧の合理精神、科学的精神を生んだのはプロテスタントであり、カトリックは迷信にとりつかれ中世的非合理世界に取り残された古くさい宗教という印象をもちます。ですがマクルーハンはプロテスタントの合理主義を嫌っていました。プロテスタントが生んだ合理精神とは次のようなものです。

> すなわち教会や聖礼典による救済を完全に廃棄したということ（ルッタートゥムではこれはまだ十分に解明されていない）こそが、カトリシズムと比較して、無条件に異なる決定的な点だ。世界を呪術から解放するという宗教史上のあの偉大な過程、すなわち、古代ユダヤの預言者とともにはじまり、ギリシアの科学的思考と結合しつつ、救いのためのあらゆる呪術的方法を迷信とし邪悪として排斥したあの呪術からの解放の過程は、ここに完結をみたのだった。真のピュウリタンは埋葬にさいしても、一切の宗教的儀式を排し、歌も音楽もなしに近親者を葬ったが、これは心にいかなる「superstition」（迷信）をも、つまり呪術的聖礼典的なものが何らかの救いをもたらしうるというような信頼の心を、生ぜしめないためだった。
>
> （『プロテスタンティズムの倫理と資本主義の精神』）

合理精神のプロテスタントは、信仰を概念や思想のように考えましたが、マクルーハンは、宗教が「隠喩的体験」であることが分かっていました。プロテスタントが排斥した契約、秘跡、宗教的儀式、歌、音楽、教会建築の装飾、聖職者の祭服、そうした宗教儀式と伝統のすべてが神の存在を語る隠喩、つまり「譬（たとえ）」なのです。「譬《たとえ》」によってアナロジー的な理解と創造が生まれます。

マクルーハンがカトリックに惹かれたのは、カトリック教会がプロテスタントが捨て去ったアナロジーの文化、すなわち「レトリックの知」の保護者・伝達者であったからです。マクルーハンが惹かれた「レトリックの知」こそ、水平思考、創造的思考の源泉であったのです。

第五章

創造

比喩が
現実を創る

人文学は発見の「術」

「レトリックの知」は、西洋の学問体系の中では「人文学（humanities）」の中に位置づけられます。人文学が「発見」と関係するなどとは普通は思わないでしょう。ところが人文学と「発見」は、そもそもその始まりから関係が大有りなのです。発見や発明というと理系の学問で、経済発展に役立たない人文系学部は廃止などという議論が出たことがありましたが、人文学こそ発見の「術」であると言ってもいいくらいなのです。

人文学は、古代の「レトリックの知」を引き継ぐ学問です。レトリックの中心技術である隠喩は、アナロジー思考を促します。後述するように、隠喩はアナロジー同様に「関係の類似性」を利用して思考を飛躍させる言葉の技術です。マクルーハンの言葉には隠喩はもちろん、隠喩とは言えなくてもアナロジーを喚起するフレーズが実に多く使われています。例えば、こういう言葉があります。

「誰が水を発見したかは知らないが、それが魚でないことだけは確かだ」

マクルーハンの伝達（コミュニケーション）の意図は「人間は自分の周りの環境を認識できない」ということでしたから、「人間が環境を発見できないのは、魚が水を発見できないのと同じである」というアナロジー的理解を促しています。「人間が環境を認知できない」ことをどんなに字義どおりの言葉で「説明」したところで、聞き手が腑に落ちるような理解に達するのは容易なことではありません。それを魚と水の関係を譬えに一瞬にして理解させることに成功しています。あるいはこういう言葉もあります。

「現代人はバックミラーに映った過去を見つめながら、未来に向かって後ろ向きに突き進んでいる」

多くの企業経営者がこの言葉に敏感に反応しました。企業経営者は、車の運転手がバックミラーに映った後方を見つめながらフルスピードでアクセルを踏むイメージに、企業というヴィークルを操縦する自分を重ね合わせたのです。自分が見ているのは、未来ではなく過去なのではないか、過去の成功体験に捉われているのではないか、その結果、すぐ先に待ち受けている断崖絶壁に気づかないでいるのではないかと。その不安から「マクルーハン詣で」が絶えなかったのです。経営トップのマクルーハン詣での理由がよく分かります。腑に落ちれば人は行動を起こします。先に紹介したナショナルの伝説のセールスマンが「譬え話」を使って結果を出していったように、アナロジー的な理解による「納得」は人を動かすのです。

新型コロナウィルスの混乱のさなか、日本から中国に送った支援物資に書かれた「山川異域、風月同天」（私たちが暮らしている場所、山や川などが違いますが、同じ風を受け、同じ月を見て生きています）という漢詩が中国人の心を打ったとの報道がありました。そして今度は日本が大変になると、お返しのマスクが中国から届けられました。**「アナロジーのちから」によって、詩は説明調の散文よりもはるかに強い説得力をもち得るのです。**

「野生の思考」を回復させる隠喩《メタファー》

思考は言語と密接に結びついています。言葉は思考の道具であり、言葉なくして思考できない以上、道具（言葉）の使い方は思考のあり方を決定します。形式が内容を決定することは「型の文化」の伝統をもつわれわれ日本人にとって特に目新しい話ではないでしょう。型には思想が宿ります。したがって言語が違えば、あるいは論述形式（型）が違えば、中身

（思想）も変わってきます。論理的な言葉づかいをして創造的な思考はできません。文芸における単なる言葉の装飾と思われてきた隠喩《メタファー》もまた一つの思考形式なのです。

われわれの業界はインターネットの普及によって地殻変動に見舞われ、ビジネスの風景が一変した。

うっかりすると隠喩が使われているとは気づかないで読み過ごしてしまいそうな文章ですが、ビジネスの有り様の変化を「地殻変動」「風景」という、まったく別の分野の事柄に置き換え、読み手がその変化の大きさをアナロジー（類比）を通じて自然と納得できる表現となっています。

アナロジー思考や隠喩は、特別な思考方法というよりも人間が生き延びるために不可欠な思考方法であったでしょう。**なぜなら、次々に出くわす新しい事態に、その都度新たに分析的思考で対応していたら間に合わないからです。**政治の世界、特に戦争などの緊急事態には隠喩《メタファー》がよく用いられます。最近では米国の「九・一一テロは真珠湾攻撃である」、「サダム・フセインはヒットラーである」などがその典型です。日本でも昔「鬼畜米英」というのがありました。

国家であれ、人間であれ、生き延びるためには、過去にあった「似たような経験」を利用して、新たな事態に迅速に対処しなければなりません。思考の経済性の面からいってもそれが最も効率的です。**したがって演繹、帰納、類推（analogy）など、科学的な推論と言われるもののうち、三番目の類推こそ人間の最も原初的な思考形式、すなわち人類学者クロード・レヴィ＝ストロース（一九〇八～二〇〇九）が「野生の思考」と呼んだものなのです。**

隠喩《メタファー》は感覚器官である

アリストテレスの隠喩定義の一つも「比例関係（analogy）による転用」で語源は同じです。analogyは、修辞学《レトリック》では「比例関係」あるいは「類比」と訳され、論理学《ロジック》では「類推」と訳されますが、語源は古代ギリシア語で「比例」や「比率」を意味する数学用語のアナロギア（analogia）です。それがギリシア哲学思想の展開のなかでより広い意味をもち、個々の事物の間の構造的な比例関係に基づく論理的な推論を意味するようなりました。

構造的な比例関係とは「AのBに対する関係が、CのDに対する関係に類似している」ということです。類推《アナロジー》も隠喩《メタファー》も「異なる事柄の間にある関係の類似性（比例関係）」を利用して思考に跳躍をもたらす方法なのです。前述した「マーシャール」も、物語形式の隠喩《メタファー》と言えるでしょう。**直接的な説明が省かれた隠喩によって、聞き手もまた発見と解釈への参加を促されます。その結果、聞き手は「腑に落ちる」のです。**

隠喩《メタファー》はわれわれの現実の認識の仕方です。『レトリックと人生』（大修館書店／一九八六年）の著者ジョージ・レイコフとマーク・ジョンソンは、それまで単なる言葉の装飾と思われていたメタファーについてまったく新しい見方を提示して、メタファーを哲学的な考察の対象に復帰させました。彼らはこう言っています。

> すべての言語表現はメタファーであり、科学から日常までメタファーなしには何も語れないし、われわれの日常世界は成り立たない。メタファーは修辞的な技巧の問題ではなく、われわれの日常の生活と思考の問題である。言語表現のメタファーが存在しているということは、われわれ自身の概念がメタファー的であるということである。われわれがメタファーによって経験を把握できるのは、まるで見たり、触れたり、聞いたりするのと同じで、それは一つの感覚器官の働きであるかのようである。メタファーによってのみこの世の中の多くのことについて知覚し経験することができるからである。メタファーは触覚と同様、われわれのもつ重要な機能の一部なのであり、触

——覚に優るとも劣らず貴重なものなのである。

『レトリックと人生』から要約——

隠喩《メタファー》なしでは思考できない

隠喩《メタファー》は人間が世界を知るために不可欠な機能です。それは気がついていないだけで、われわれの日常の生活の中に深く入り込んでいます。例えば、気が晴れる／気が沈む、アイデアが豊富である／アイデアが尽きる、理論を構築する／理論が崩壊する、事業に進出する／事業から撤退する、などの表現を隠喩と思って使っている人はいないでしょう。ですがこれらはみな隠喩です。

「理論を構築する」と言ったり、「理論が崩壊する」と言ったりするのは、理論を建築物を通して見ているからです。建築物は土台がしっかりしていないとその上に高い建物は建てられません。理論も土台がしっかりしないとその上に立派な「論」を展開できません。ですから理論は「構築」するものなのです。そして土台が崩れれば建物が崩壊するように理論も「崩壊」するのです。気が晴れたり、気が沈むのも、気分はお天気のようなものとして見ているわけです。だから気分は、(太陽が出て)晴れたり、(太陽が)沈んだりするのです。

人間が世界を把握する仕方はもともと隠喩的であるということは、言語が違っても共通の隠喩があることからも分かります。「ABCs of a computer／コンピューターのイロハ」、「bad-mouth／悪口を言う」、「「go beyond a joke／冗談が過ぎる」、「joking aside／冗談はさておき」、「love triangle／三角関係」、「thick-skinned／面の皮が厚い」、「twist logic／理屈をこねる」、「lend a hand／手を貸す」など、言語は違っても同じようなやり方で世界を認識している隠喩が数多くみられます。

言語が違えば世界が違ってくると前に言いましたが、そうは言っても人間が世界を認識するやり方に共通するところは多くあります。**われわれは隠喩を通じて世界を認識してきました。**字義的な言葉の前に隠喩があったということです。もともと世界はそうやって生み出されてきました。外部世界は自分の身体を通して、抽象的なものは身近なもの、具体的な事柄を通して語ることによって、初めて捕捉できるのです。

ビジネスは戦争である

「議論は戦争である」という隠喩は、われわれが手にとって触ることができない抽象的な

「議論」という概念を理解するために、より輪郭のはっきりした「戦争」の概念を通して構造を与えています。「彼の批判は的を射ていた」「彼との議論に勝ったことがない」「そんな戦法じゃ、彼にやれてしまう」といった表現は、議論を戦争の構造を通して理解しているが故に成り立ちます。

　議論を戦争に見立てる文化は、「和をもって尊しとなす」日本では希薄ですが、「ビジネスは戦争である」ではどうでしょう。「ビジネスは戦争である」の隠喩が日本人の中に自然に成り立つということは、ビジネスのある部分は「戦争」の概念を通して理解されているということです。だからこそビジネスという戦争に勝つための「戦略会議」が開かれ、当面の「目標（ターゲット）」が決定されます。戦争を戦う会社組織は、兵士のような生命体と見なされ、「筋肉質な体質」、「環境への適応」、「成長」、「進化」が求められます。従来の組織では迅速に対応できない場合には「タスクフォース」が結成され、目標《ターゲット》が達せられないと判断すれば「撤退」もします。

　隠喩は、行き当たりばったりに生じるわけではなく、「ビジネス」は「戦争」の概念体系を通してある部分理解されるがゆえに、隠喩から成る概念は首尾一貫したものとなるのです。隠喩は人間が世界を見る見方の手がかりを与えてくれます。

意味の意味

英文学者のマクルーハンがなぜメディア論を語っているのか不思議に思っている人は多いでしょう。メディア論と情報社会論が同じようなものだと考えている人も多いはずです。ですが「メディア論」と「情報社会論」はまったく違います。マクルーハンがメディア論を語っているのは、人間が最初につくったメディアが「言語」であるからです。マクルーハンがメディアを語るとき、念頭には常に「言語」があります。マクルーハンの生涯のこだわりは「言語の変容の力」でした。

マクルーハンのメディア論は、言葉の隠喩同様、メディアの隠喩による世界の変容を論じたものです。世界はメディアによって創造・変容されるものであって、予め在るものではない、ということが前提になっています。「メディア論」の起源は、マクルーハンが学んだケンブリッジ時代にあります。ケンブリッジ大学においては、古代ギリシアの哲学まで遡る言語の運用に関する研究をやっていました。文学と哲学は一体でした。

マクルーハンのケンブリッジ時代の先生は、I・A・リチャーズという著名な文芸批評家の先生ですが、リチャーズには『意味の意味』（新泉社／一九七四年）という本があります。

その本の序文にリチャーズが面白いことを書いています。リチャーズがケンブリッジで、著名な二人の哲学者の講義を聴講していた時のエピソードです。

Ａ教授は自分の講義で「Ｂ教授のいっている意味が分からない」といい、Ｂ教授は自分の講義で「Ａ教授は私の言った意味が分からないと言っているが、その意味が分からない」と数年間にわたって飽きもせず別な教室でやり続けているのが不思議だったが、さらに怪訝だったのは、二人とも「意味」という言葉の用法をまじめに考察していないことだった。

リチャーズ以前には、「言葉がいかにして意味をもつか」ということは真剣に議論されるテーマではなかったのです。『意味の意味』には「言語が思考に及ぼす影響と象徴学の研究」という副題がついていますが、リチャーズは、象徴すなわち暗示的な効果の研究が「意味」の理解には欠かせないと考えていました。**暗示の形式である隠喩は、近代において意味を曖昧にし、世界をピンボケにするものとして避けられてきましたが、瀕死の状態であった隠喩研究がリチャーズによって復活することになったのです。**

マクルーハンの「メディアはメッセージ」という言葉《フレーズ》も、意味とは何かという探求から生まれたものです。「メディアはメッセージ」は、言うまでもなく「逆説」です。通常、メディアはメッセージ（意味）ではありません。内容（コンテンツ）がメッセージです。メディアはパイプライン（土管）です。つまり、意味を通すニュートラルな回路です。『メディアの理解』が書かれたころ、メディアとはそういうものであると考えられていました。だから、「メディアはメッセージ」という言葉が、あれほどのインパクトをもったのです。**つまりマクルーハンは、「土管はメッセージである」と言ったのです。その逆説が思いもよらない効果をもたらし、マクルーハンを世界的に有名にしました。**

今は、「メディアはメッセージ」を逆説として理解するのは難しくなっていますが、時代背景としてはそういうことです。**マクルーハンは相手に与える「効果（effect）」こそが意味であると考えていました。**「メディア論」とは、メディア技術が人間精神にもたらす「効果の研究」と言えるでしょう。

言葉は中立《ニュートラル》ではない

メディアの歴史を振り返ってみれば、前述したように、「メディアはメッセージ（意味）を

A地点からB地点まで運ぶニュートラルなパイプライン」と考えられてきました。メディアはメッセージに変更を加えるものではありませんでした。しかしこの観念も、グーテンベルク技術によって強化された文字（特にそれ自体意味をもたない表音文字であるアルファベット）というメディアのメタファーが内面化されて生じたものです。

ジョージ・レイコフとマーク・ジョンソンは『レトリックと人生』の中で、この観念を「導管メタファー（conduit metaphor）」と呼び、「この観念はアルファベットの発明によって言葉と意味が分離したことによって生じたものである」と言っています。アルファベットの発明以降、言語についての概念は「考え（意味）はモノである」、「言語は考えを入れる容器である」、「コミュニケーションは送ることである」という複合的なメタファーによって構造が与えられ、理解されるようになりました。この導管メタファーを電気通信に拡張したのがいわゆる「シャノン・ウィーバー理論」です。現代のマス・コミュニケーション研究はこのシャノン・ウィーバー理論に依拠しています。

われわれがメディアを「情報を運ぶニュートラルなパイプライン」と考えるようになったのは、こうした「導管メタファー」が内面化されたからです。しかし、文字以前の人たちはそうは考えませんでした。**言葉には世界を変える力がありました。それは日本では言霊（ことだま）と言われ、西洋ではロゴスと言われました。言葉は事物と一体でした。古代**

人にとって「言（コト）」は「事（コト）」だったのです。子供に名前をつけるということはこの世に「存在」を生み出すことで、名づけることで事実が引き起こされたのです。これを古代人の未熟な言語観とみなすのは間違いです。なぜならわれわれが生きている現代のメディア社会も、それが事実であろうとなかろうと、メディアで語られたことだけが「存在」し、メディアに取り上げられなかったことは「存在」しないも同然の社会であるからです。

メディアはメタファーである

マクルーハン理解者の一人、ニューヨーク大学のニール・ポストマンは、「メディアはメッセージである」では十分ではなく、「メディアはメタファーである」に変更すべきである、と著書『愉しみながら死んでいく』（三一書房／二〇一五年）で主張しています。

ポストマンが、「メディアはメタファーである」ことを強く強調するのは、若い頃に読んだ『旧約聖書』の中にそのことを示唆する教えがあったことに気づいたからです。それというのはモーゼの十戒第二条の「汝、如何なる偶像をも心に刻むことなかれ、天の上にあるもの、地下にあるもの、地の底の水にあるものに似た、如何なる偶像も心に刻むことなかれ」でした。ポストマンはこう言っています。「イスラエル人の神が人間の体験を象徴化するかどうかという教えを、なぜ取り入れたのか不思議に思った。これを書いた者が人間のコミュニケーションの形式と文化の質との関連を想定していない限り、倫理体系の一部にそういう教えを取り入れろというのは、おかしな命令だ」と。

はじめに言葉ありき

ユダヤ教、キリスト教は偶像崇拝禁止の宗教です。神の言葉だけを信仰の拠り所とします。古代イスラエル人にとってメッセージとメディア形式は分離できないものでした。形式が変われば メッセージも変質してしまうことを知っていました。メディア形式によって五感の関与度が変わり、それによって経験は別のものになるのです。マクルーハンは、そのことを「かりに、星条旗を掲げる代わりに、一枚の布に「アメリカの旗」と書いて掲げたら、どういうことになるか。記号は同一の意味を伝えるであろうけれども、効果は完全に異なるであろう。星条旗の視覚的に豊かなモザイクを文字形式に移し替えてしまえば、それと一体化したイメージや経験の質の多くが奪い去られてしまうだろう」(『メディア論』)と説明しています。

メッセージの「意味」だけに捉われている人は「形式」のもたらす効果を見落としがちです。「メディアはメッセージである」とは、メッセージの受け手の感受性に焦点を当てよ、ということなのです。そうすれば論理《ロジック》では伝わらないことも伝えることができるのです。現代では非合理的な存在であることをもって自任する宗教家と芸術家が最もよくそのことを理解しているでしょう。

キリスト教は「はじめに言葉ありき」（ヨハネ福音書）です。神の言葉が世界をつくりました。言葉の前に世界はありませんでした。人間の経験世界は言葉という「メディア形式」によってつくられています。

われわれ日本人はふつう子供のときに日本語という母語 mother tongue を身につけます。日本人のわれわれは日本語を身につけることによって思考が始まります。言葉を覚える前の思考は、動物のように原始的で、本能的な思考です。**言葉が世界を切り分け、分節化し、ぼやけていた世界がくっきりと見えるようにするわけです。**人間の記憶が始まるのは、言葉を習得してからだと言います。したがって記憶が始まるのは、だいたい三歳くらいからです。言葉を習得する前には、経験を記憶に定着する術《すべ》がないのでしょう。

言語そのものが「思想」をもっている

マクルーハンは「メディアはメッセージである」と言いましたが、英語では〝The medium is the Message.〟です。mediaという複数形ではなく、定冠詞のついた単数です。言語がメディアなら、それぞれの言語、日本語、英語、フランス語、中国語には、それぞれの固有の「メッセージ」があるということになります。内村鑑三はこんなことを言っています。

> ヨーロッパ的思想はヨーロッパ語によって表現されるのが一番よい。それをアジアの言語に翻訳すると、思想もかなりアジア化されるのである。思想そのものがそれを伝えようとする異質の言語の中に失われてしまうことさえ、あまりにも多いのである。
>
> Advantages of English Language［英語の利点］『英語と日本人』

内村のような明治のエリート教育を受けた人は、十歳頃からお雇い外国人のもとで徹底的な英語教育を受けました。内村も十年くらい英語漬けの生活を送った後、アメリカに留学します。そのため、内村は最後まで英語ほどには日本語はうまく使えなかったといいます。内村の母語は英語になってしまっていました。この文章も英語で書かれたものを翻訳したものです。また、鬼怒鳴門《キーン・ドナルド》さんもこんなことを言っています。

> ニューヨークにいる九月から六月までの期間は、しばしば耐えがたいほど長く感じられる。日本と、とりわけ日本の友人たちが恋しくなる。ニューヨークではほとんど一人の日本人も知らない。私の性格には、今や日本語でしか表現できない部分ができてしまって、このはけ口がないと窒息しそうな感じがする。
>
> 『日本との出会い』

言語は中立的ではない、言語はそれぞれにメッセージをもっていると、この二人は言っているわけです。マクルーハンも当然そう考えていました。言語自体が中立的でないうえに、マクルーハンがケンブリッジで学んだレトリック（修辞学）という言語の運用技術は、さらに意味を飛躍させるものです。レトリックによって受け手は思いがけないところに連れていかれるということが起きます。**アメリカ人にとって「サダム・フセインはヒットラー」でした。「九・一一テロは真珠湾攻撃」でした。この隠喩《メタファー》によって、その現実が生じてしまったのです。そしてイラク戦争が始まりました。**

隠喩《メタファー》には言霊《ことだま》が生きている

一方で、「心臓はポンプである」、「コンピューターは電気の脳である」という隠喩がありました。中国人はコンピューターを「電脳」と翻訳しましたが、翻訳もまた隠喩《メタファー》です。これにより、それまで輪郭がはっきりしていなかった心臓や脳が一挙に映像的に把握されることになりました。人工心臓やAIなどはこうした隠喩を通じて研究が飛躍的に進歩しました。隠喩に「騙される」こともあれば「創造《クリエイション》が生まれる」こともあるのです。**このように隠喩は、単に言葉の装飾ではなく、新しい世界観、現実をつくることなのです。**世界は予め「在る」のではなく、人間の認識がつくり上げたものです。

この「隠喩が現実をつくる」ということを生活実感として理解してもらうのは難しいのですが、もう一つこんな事例はどうでしょう。事例もまたマーシャール（譬え話）です。

私の若い頃の実際の経験談ですが、会社の同僚に部長の「茶坊主」がいました。茶坊主というのは、江戸時代のお殿様の接客係です。転じて、会社員の世界では、上司にゴマをすって出世しようとする気に入らない人間を「茶坊主」と呼んで揶揄します。ですが、あるとき別な同僚が「いやあいつは部長の外部記憶装置なんですよ」と言ったのです。確かにその隠喩は適切でした。部長が「え～っと、あれは……」というと、その同僚が横から「それは○○です」とささやくのです。見事なあいまい検索機能でした。

それ以来、われわれは彼を「茶坊主」ではなく「外部記憶装置」として見ることになりました。部長の「外部記憶装置」としての彼の仕事はなかなか大変に見えました。単なる「ゴマスリ」にできる仕事ではありません。「茶坊主」も「外部記憶装置」も「ゴマスリ」も隠喩です。「あだ名」という隠喩を通じてその人となりや、行動を見ています。茶坊主を通じて見ていたときの同僚と、外部記憶装置を通じて見ていたときの同僚が違った見え方になるのは当然です。**隠喩は問題となっている対象の見え方を変容させます。隠喩には「言霊（ことだま）」が生きているのです。**

なお、この話には「オチ」があって、「本体」の部長が〝移動〟すると「外部記憶装置」の彼もまた一緒に〝移動〟になったのでした。

隠喩《メタファー》は右脳の技術

隠喩は一つの状況全体を別の状況全体を通して見る技術です。マクルーハンは、「それは意識の技術、知覚（右脳）の技術であって、概念（左脳）の技術ではない」（『メディアの法則』）と言っています。西洋の古典的な隠喩の例で見てみましょう。

アテネの獅子（ライオン）が敵に躍りかかった

これはホメロスの叙事詩『イーリアス』からの有名な隠喩です。この隠喩は、

獅子《ライオン》は獰猛に獲物に躍りかかる
アテネのアキレウスは勇敢に敵に立ち向かう

という、まったくつながりのない二つの状況が並置され、その相互作用によって意味が生成されます。これを「アキレウスが獅子《ライオン》のように勇敢に敵に立ち向かった」と直喩の概

念的説明で代替しようとすれば、「アテネの獅子《ライオン》が敵に躍りかかった」という隠喩が生み出した何かが失われてしまいます。**隠喩は直喩のような説明が省かれている分、詩的《クール》です。詩的想像力が「獅子としてのアキレウス」をつくりあげています。古代ギリシア語の「ポイエーシス（詩）」は「つくる」ことを意味しました。**

　この思考の飛躍は右脳の仕事です。今日でも歌謡《ソング》が力をもっているのは、歌謡が旋律のみならず隠喩の力をかりて右脳が世界をつくり上げているからです。ちょっと古いですが、「隠喩《メタファー》の王《キング》」ともいえるエルヴィス・プレスリーの名曲「恋にしびれて All Shook Up」は、言葉の脚色などではなく、そのように認識し、そのまま表現した「現実」であるということでしょう。もう少し新しい例なら、ノーベル文学賞作家ボブ・ディランの「風に吹かれて Blowin'g In The Wind」になるでしょうか。隠喩でしか認識できない「現実」があるのです。

言葉には世界をつくり変える力がある

前述したように、隠喩的理解は直喩的な説明に先立って知覚されます。「心臓はポンプである」は、ポンプを通してそれまで捉えどころのなかった心臓の働きを映像的に見た隠喩であり、「電気は流れる」は水流を通して目に見えない電気を捉えた隠喩であり、「光は粒子だ」は粒子を通して光の新たな現実を見た隠喩であり、「地球は惑星である」は惑星を通して地球を新たに発見した隠喩です。**この語り方以前には、それぞれ何の関係もなかったものが、新たな語り（隠喩）によって世界の新しい見方が生まれました。一つの隠喩が内面化される度《たび》に、世界は微修正されていきます。**

進行する世界の部族化

文学者マクルーハンは言葉の創造性《クリエイション》と想像性《イマジネーション》を信じていました。マクルーハンが「地球村（グローバル・ヴィレッジ）」と言わなければ、今われわれが経験している世界像はありません。別に「グローバル・シティ」と言っても良かったと思うのですが、今世界で起きていることは、都市的な、理性的な出来事ではなく、まさに人と人が濃密に触れ合うことから起きる「村社会」のいざこざです。マクルーハンが「世界は再び部族化する」と言った予言が的中している感があります。

電気のスピードでは、あらゆる人があらゆる出来事にリアルタイムに関与させられます。人々は理性よりも感情で動くようになり、政治指導者もまた感情あらわな人物が増えています。いわゆる「反知性主義」と言われるものの正体は世界の部族化の一つの現れでしょう。マクルーハンは、**「光のスピードでは、政党や政策はカリスマ・イメージに場を譲る」**と言いましたが、二〇二〇年の米大統領選挙では、政策論争はほとんど話題にならず、二人の候補の人間性という「イメージ」に焦点が当てられました。トランプに投票した人は、共和党に投票したのではなくトランプその人に投票したのでした。政党や政策は、投票先を決める理由としては下位になってしまっていました。**つまり今回の大統領選は、「トランプ」というメディアがメッセージの選挙だったのです。トランプはまさに「メディアはメッセージである」を体現していて、トランプというメディアにおいては、政策やマニフェストといった政治の中身《コンテンツ》は、去り行く活字文化の残滓となったのです。**

電子的な情報環境の下《もと》で、身体感覚としての聴覚が再び優位を取り戻し、印刷文化の視覚優位がつくりあげた理性的で客観的な態度を「時代遅れ」にしつつあることが世界で深まる「分断」の背景にあります。誰も彼も脊髄反射的に関与してくるため収拾のつかない喧騒の中にあるのが今の世界です。

その意味でマクルーハンの「地球村（グローバル・ヴィレッジ）」は、まことに適切な隠喩（メタファー）でした。マクルーハンは隠喩を通じて、人々の想像性を刺激し、現実をつくり直していたわけです。それで、マクルーハンの予言が当たっているように感じるのです。

意味をつくっている背景（地）に注意を向けよ

マクルーハンは、隠喩《メタファー》の創造性を語るとき、ゲシュタルト心理学に応用された図 figure と地 ground の相互作用を用いて説明しました。人々は意識が向いていること（図）だけに注意を奪われ、意識の輪郭を縁取っている背景（地）に気づいていません。マクルーハンは、われわれの意識が及ばない地についてこう語っています。

> 例えば講義のとき、注意は話し手のことばから彼の身振りへ移り、次に蛍光灯のブーンという音へ、あるいは外の通りの騒音へ、あるいは椅子の感触、記憶、連想、匂いへと移っていく。それぞれ新しい図がその前の図を順番に地へと追いやっていく。地は意識の構造や様式、すなわちフローベルが言うような「ものの見方」、あるいは図が

> 知覚される「条件」を用意する。地を「それ自体として」研究することは実際上不可能である。当然ながら、地は常に環境的で、閾下にある。そのような対象を研究するために取り得る唯一の戦略は、反＝環境を構築することであり、これこそ芸術家の典型的な活動であって、芸術家はわれわれの文化において、その仕事のすべてが感受性を再訓練し、刷新することであった唯一の存在なのである。
>
> 『メディアの法則』

日本の和歌でも、何百年も昔に謡われた歌を地として並置させることで、自身の歌だけでは言い表せない心象を浮かび上がらせる「本歌取り」という技術があります。**本歌（地）は意味の文脈です。意味の生成において地は重要な役割を果たしています。このことは芸術に限らず、われわれの日常のコミュニケーションにも言えることです。言葉が上滑りして相手に真意が伝わらないのは、メッセージ（図）の背景（地）を欠いているからです。**

背景は固定したものではなく、図と地の関係は流動的・変容的です。背景が入れ替わった瞬間、ルビンの壺は二人が向き合った横顔に、少女は老婆に反転します（１４８ページ参照）。この隠れた地（無意識）を浮かび上がらせる手段が隠喩《メタファー》です。地が浮かび上がることで世界の見え方が変わってくるのです。

2つの有名な隠し絵。（左）妻と義母　（右）ルビンの壺

メディアが人間の経験の意味を変えていく

メディア技術も隠喩同様に人間の経験を変形します。人間が最初につくったメディアである言語が中立的でないなら、その後のニューメディアである、文字、電信、電話、ラジオ、テレビ、コンピューター、インターネットといったメディアが中立的であると考えるのはおかしいということになります。その意味でメディアはメタファーなのです。マクルーハンは、言語のメタファーを分析すると同じ方法でメディアのメタファーを探求しました。それがメディアのもたらす効果《エフェクト》の研究としてのメディア論になったのです。

メディアの効果はその内容に関わらず人間の世界観を変えていきます。グーテンベルクの印刷技術は概念と推論による思考に適した散文を生む一方で詩文を日常から追いやって、矛盾を嫌う精神、感情に捉われないで冷静さを保つ能力を強化しました。マクルーハンが「グーテンベルクの銀河系」と呼んだ客観的世界の誕生です。西洋には「世界は一冊の本である」（アウグスティヌス）という、本のように秩序だった世界観がありましたが、電信の即時性に依拠した新聞は世界を脈絡のない断片の集合体に変えました。新聞の風景が世界の風景になったのです。そして、電信の発明以降、光の速度で瞬時に情報を伝える電気的メディアが時間の連続性を消し去ったため、現代人は再び神話的時間を生きるようになりました。

それはまず感受性豊かな芸術家、科学者たちの想像力が結実した作品や理論として現れました。絵画では同時複数視点のキュービズムが単一視点の遠近法秩序を引っくり返しました。文学では、ジェイムズ・ジョイスが、西暦一九〇四年のダブリンの一日とホメロスの『オデュッセイア』の神話世界を交錯させた小説『ユリシーズ』を書きました。科学の世界ではニュートン力学が前提としていた均質な三次元ユークリッド空間は、アインシュタインの相対性理論によって廃棄させられました。**電子メディアの銀河系に足を踏み入れた二〇世紀の科学と芸術は、印刷文化が生んだ原因と結果の因果律に支配された「客観的**

世界」に疑問を投げかけたのです。

われわれの日常では、「今日のニュース」という観念はいつの時代にもどんな国にもあったわけではなく、電信という情報媒体《メディア》の隠喩が内面化されたとき生まれた観念です。高速で伝わる情報媒体《メディア》が存在しなかった文化には「今日のニュース」は存在しません。火災、戦争、殺人事件、有名人のスキャンダルといった出来事は世界中で起きていますが、それを高速で伝える情報媒体《メディア》がなければ、「今日のニュース」という観念は生まれません。

通信手段が鉄道だった時代の米国では、西海岸の地元新聞が伝える大統領辞任の報道は、すでに一週間前のワシントンの出来事でした。「今日のニュース」という観念が、通信と輸送の一体性を解体した電信によって生み出されたことは、イギリスの高級紙「デイリー・テレグラフ（日々の電信）」という名称に残っています。マクルーハンは、「新聞から日付を取ってしまえば、エキゾチックなシュールレアリストの詩になる」、あるいは「昨日の新聞ほど古いものはない」と言いましたが、新聞というメディアの隠れたメッセージが「今日という観念」だということを言っているのです。

「グーテンベルクの銀河系」から「電子メディアの銀河系」への転換

今日の同時生起的インターネット環境（電子メディアの銀河系）は、まさに人間の感覚生活を再プログラムしています。その結果、遠近法のように線的に秩序づけられた言葉、つまり理性的であることが権威をもてなくなっています。**芸術、科学、政治、教育、ビジネスといった社会の至るところで「グーテンベルクの銀河系」から「電子メディアの銀河系」への価値観の転換が起きているのです。**そのことをマクルーハンはこう表現しています。

> 情報が電気の速度で検索できるようになると、定量化可能な結果にのみ目を向ける関心にパターン認識と変容（メタモルフォーゼ）が取って代わる。
>
> 『メディアの法則』

マクルーハン独特の説明不足の言い回しのため、いま一つ意味がつかみにくいと思いますが、彼の最高の対話相手であったP・ドラッカーがこのことをうまく説明してくれています。

外の世界における真に重要なことは趨勢ではない。趨勢の変化である。この外の変化が組織とその努力の成功と失敗を決定する。しかもそのような変化は知覚するものであって、定量化したり、定義したりするものではない。分類によって数字は得られるが、そのような数字は現実の状況を反映していない。コンピュータは論理の機械である。それが強みであり弱みである。外の重要なことは、コンピュータをはじめとする何らかのシステムが処理できるような形では把握できない。これに対し、人は論理的には優れていないが知覚的な存在である。まさにそれが強みである。『経営者の条件』

マクルーハンもドラッカーも、近代合理主義が確立する過程で抑圧・排除されてきた「知覚による知」の回復に焦点を当てていました。後述するように「禅」は言葉に頼らない「直感知」を重視します。日本の芸術や文化は禅の影響を強く受けています。マクルーハンが禅に関心をもったり、ドラッカーが日本画の熱心な収集家であったのは、西洋では排除されてきた「直感知」が日本には残っていたからです。

ドラッカーは、日本画の研究を通じて、日本の文化的な特徴が分析的概念ではなく知覚による認識にあることを、次のように述べています。

これは日本で、すでにはるか昔に起こっていたことである。分析的概念に対置するものとしての知覚、描写に対する構図、幾何に対する位相、分析に対する形態は、実に一〇世紀以降の日本画における継続的な特性である。日本の歴史と社会に関する第一人者である元駐日大使エドウィン・O・ライシャワー（一九一〇〜一九九〇）は、その著『ザ・ジャパニーズ』において、日本は、第一級の思想家あるいは独創的な思想家を生み出していないと述べている。この評は、とくに日本では鋭い批判として受け取られた。しかし、ライシャワーが言おうとした趣旨は、日本の特質は分析的概念ではなく知覚にあるというところにあった。（中略）日本の近代社会の成立と経済活動の発展の根底には、日本の伝統における知覚の能力がある。これによって日本は、外国である西洋の制度や製品の本質と形態を把握し、それらを再構成することができた。日本画から見た日本について言える最も重要なことは、日本は知覚的であるということである。

『すでに起こった未来』

哲学には二つの系譜があった

前章で、ソクラテスとプラトンによって西洋の知はロジックとレトリックに分断されたことを述べました。われわれはソクラテス、プラトン、アリストテレスの系譜を「哲学」と教えられてきましたが、実はもう一つの哲学があったのです。ギリシア哲学の西洋世界への案内人ローマの哲人キケロ（前一〇六～前四三）は、ソクラテスとプラトンによる西洋の知の分断の歴史こう嘆いています。

ソークラテースは、最も優れた事柄の認識とそうした事柄における実践はすべて「ピロソピアー（愛知の営み）」と呼ばれるために、その営みに従事する人はみな（「ピロソポス（愛知者）」という）一つの名称で呼ばれていたにもかかわらず、われわれが今こうして探求しているこの弁論というものを論じ、実践し、教えている人々からその名称を取り上げ、本質上一体のものであるはずの二つの知識、すなわち、英知をもって思考する知識と詞藻を凝らして語る知識とを、その議論によって分離してしまったのである。そのソークラテースの才知と、彼の交わしたさまざまな対話とを書に記し、永遠不滅性を与えたのがプラトーンであった。ソークラテース自身は書き物は一片たりとも残さなかったからである。このときから、言わば舌と心の乖離が始まった。われわれに賢明さの知恵を教える者と、言論の知恵を教える者が別々であるなどという、いかにも理不尽な、無益な、批判されるべき乖離がね。

（弁論家について（下）』

言論の知恵である弁論術《レトリック》は、プラトンのライヴァルであったソフィストのイソクラテスを通じてローマに継承されました。イソクラテスは、真理探究とは名ばかりのプラトンらの弁証学《ディアレクティケー》について、「現場に根ざしておらず、言行いずれにおいても何の益ももたらさないものを「哲学《ピロソピア》」の名で呼ぶべきでない」と批判しています。**イソクラテスは自分たちの弁論術《レトリケー》こそが哲学《ピロソピア》であり、プラトンらディアレクティケー（いわゆる弁証法）を云々する連中などをかえって「ソピステース（詭弁家）」と呼んでいました。**

人間的営為に全面的にかかわる教養としての哲学《ピロソピア》を主張したイソクラテスは、プラトンのそれと重なり、二人は競合・対立関係にありました。プラトンのアカデミアが「幾何学の心得のない者、くぐるべからず」として、論理一貫した思惟による数学的で厳密な知識を重視したのに対して、イソクラテスの学校は、ギリシア伝統の修辞学《レトリック》的教養を哲学《ピロソピア》の中心に据えました。

こうしたロジックとレトリックの乖離、プラトンとイソクラテスの対立はなぜ生じたのでしょうか。それはアルファベット識字（リテラシー）のギリシア社会への浸透の影響です。プラトンは西洋世界最初の文字教養人でした。一人書くことによって対話相手、聴衆、つまり口誦世界の現実から離れた抽象世界で思考をめぐらせた最初の人間がプラトンだったのです。

とはいえ、西洋世界に及ぼした影響は、実はプラトンよりもイソクラテス的教養の方がはるかに広汎で重大でした。それが西洋の教養教育の伝統に今も残っています。弁論術《レトリック》の伝統は、雄弁家ソフィストから、イソクラテス、キケロ、クインティリアヌス、教父、ルネサンス人文主義者（ユマニスト）を経て、ベーコン、ヴィーコ、そしてマクルーハンが最後に引き継ぎました。マクルーハンが頻繁に立ち返ったベーコン、ヴィーコの二人が歩んだ道を振り返ると、マクルーハンの思考の秘密が見えてきます。

フランシス・ベーコンの「四つのイドラ」

イングランドのフランシス・ベーコン（一五六一～一六二六）が、著書『ノヴム・オルガヌム

（新機関）』で目指したものは、アリストテレスに始まる弁証学的方法（オルガノン）を革新し、科学的発見のための新しい方法を提出することでした。ベーコンの著作には、プラトン、アリストテレスを頂点とする伝統的哲学（論理学）に対する激しい非難があふれています。とくにベーコンが批判したのは、民族の歴史に関心をもたず、理論の美しさに酔って人間生活に何ら貢献していない演繹論理学、すなわち「大前提が真で、小前提が真であれば、結論は必ず真となる」という定言三段論法的論証形式です。

ベーコンにしてみれば、三段論法はただ議論のためのものであって「自然の解明」には適さないものでした。ベーコンは、実生活に役立つ知識を得るための方法として、個別の事象の観察と実験を通じて普遍的な真理に到達する新しい論理学「帰納法」を提唱しました。そして公理からではなく感覚から出発する帰納法においては、正しい推論の障害となる次の四つの「イドラ（幻像）」を排することが必要であると説きました。

・**種族のイドラ**：人間の本性に根ざした偏見。
　対象を自分に都合よく合わせて変形させる傾向によって生ずる先入見
・**洞窟のイドラ**：洞窟の中から外界を眺め見ているように、
　個人の性質や教育、習慣などによって生ずる先入見

・**市場のイドラ**：人間の交わり（コミュニケーション）、接触によって発生ずる偏見、言葉の不適切な使い方によって知性に忍び込んだ先入見

・**劇場のイドラ**：過去の哲学者たち、思想家たちの学説の権威によって生ずる先入見

この四つのイドラ、先入見は、今日のビジネスパーソンの日常にも忍び込んでいます。特に「市場のイドラ」、「劇場のイドラ」は、エリート・ビジネスパーソンが最も注意すべき思考の偏向《バイアス》でしょう。メディア情報の鵜呑みと権威への依存が現実を見えなくしています。

電子時代の人文主義者《ユマニスト》マクルーハン

ベーコンは論理学を、「一・探求あるいは発見」、「二・検証あるいは判断」、「三・保管あるいは記憶」、「四・表現あるいは伝達」に分類しましたが、これはほぼレトリックの知の伝統に対応しています。レトリックは現在のようにもっぱら言述のスタイルに関する理論ではなく論理学を含むものでした。レトリックの知の体系は次の五部門により構成されていました。

第一部門：**発見** inventio（話す材料を集めて言うべきことを見出すこと。構想・発想）
第二部門：**配置** dispositio（効果的に話を進めるために見出したことを配列すること）
第三部門：**修辞** elocutio（印象的、効果的な言葉遣いにより説得力を高める表現法）
第四部門：**記憶** memoria（欧米のスピーチが原稿なしで行うのはこの「記憶術」の伝統）
第五部門：**発表** actio（発表の段階の発声、身振り・話し方の工夫）

レトリックといえば、三番目の「修辞 elocutio」だと思われがちですが、レトリックはもともと口頭による弁論術（レトリケー）でしたから、弁論における「発見から発表」までの総合芸術ともいうべきものでした。

そして「レトリックの知」の体系の最初に置かれるのが「発見 inventio」なのです。inventio は、言うまでもなく invention（発明）の語源です。そして、この発見のための方法こそベーコンが提唱した帰納法なのです。ベーコンはレトリックの伝統の上にプラトン、アリストテレス以来の学問の方法を刷新しようとしていました。

マクルーハンが傾倒したルネサンス期のユマニスト、さらに古代の弁論家（ソフィスト）たちがもっとも重視したのも、議論や弁論において相手を説得し納得させるためにどのような論拠・根拠に訴えるべきかの素材の発見（インヴェンチオ）でした。次のマクルーハンの言葉は、ユマニスト・マクルーハンの言葉として読んだとき、初めて理解できます。

私は探偵である。私は探索（プローブ）する。私は視点をもたない。私は一箇所にとどまらない。われわれの文化においては、一つの固定した場所に止まっている限りは歓迎すべき者と見なされる。だがいったん周辺に動き出し境界を横切り始めると、不届き者と見なされ、非難の格好の的となる。探検家はまったく気まぐれである。彼はいったい何時《いつ》すごい発見するのかを知らない。また探検家に一貫性を適用しようとしても無意味である。もし首尾一貫していたいなら、彼は家でじっとしていることだろう。ジャック・エリュールは、プロパガンダは「対話」が止むとき始まる、と言っている。私はメディアに問い返し、探検という冒険に旅立つ。

私は説明しない
私は探検する

（Marshall McLuhan,"Casting my perils before swains," in Gerald E.Stearn, ed.,McLuhan:Hot&Cool,　Dial Press,1967,p13）

マクルーハンがいかに水平思考の人だったかが分かるでしょう。ベーコンがレトリックの伝統に則《のっと》って「発見」を知性の技術の一番目に置いたと同様に、マクルーハンもまた、最初に来るものは「発見」でなければなりませんでした。

一方、論理思考の起源となった弁証学（ディアレクティケー）は発見には関心をもたず「判断」、つまり論証をもっぱらとしました。弁証学的論理学すなわちロジックは、論証のための思考形式であり、発見のための形式ではないのです。

禅とマクルーハニズム

マクルーハンは「概念内容（コンセプト）から知覚内容（パーセプト）へ」との表現も好んで使いましたが、これも同じことです。発見は、概念的理解に先立って知覚によってもたらされます。禅でいう言葉によらない悟り「不立文字」の世界です。仏教学者の鈴木大拙は禅の認識方法についてこう言っています。

—悟りの原則は事物の真理に到達するために概念に頼らぬことである。概念は真理を—

> 定義するには役立つが、われわれが身をもってそれを知ることには役にたたぬ。概念的知識はある点ではわれわれを利口にするが、これは皮相なことにすぎぬ。生きた真理そのものではない。それゆえ、それには創造性がない。単に死物の蓄積に過ぎない。（中略）生および事物の究極真理は一般に、概念的にではなく直覚的に把握されるべきだという観念、この直覚的知識が哲学のみならず他のいっさいの文化活動の基礎だという観念こそは、禅宗が日本人の芸術鑑賞の涵養に寄与してきたところのものである。
>
> 『禅と日本文化』

大拙は、マクルーハンが編集責任者であった雑誌『探求 Explorations』にも、芭蕉の「古池や　蛙飛び込む　水の音」の句を引用しながら「仏教における象徴主義」というタイトルの論文を寄稿しています。マクルーハンは、禅に自身の理論（マクルーハニズム）に似た認識方法を見ていたのでしょう。一見無関係のものがアナロジー的な連想を通じてつながるのは、知覚によるものです。

　マクルーハンや大拙に限らず多くの思索家たちは、この知覚による認識（直感）を言葉にするときの危険性を指摘しています。思考がまだ育ちきっていない段階の直感を明快な言葉に置き換えようと急いでしまうと、連想の創造過程が断ち切られてしまうのです。「シャーロック・ホームズ」の中でロンドン警視庁が陥っている誤謬はまさにそれで、犯行現場に残された表面的な事実を上手くつなぎ合わせて論理的に説明しようとする結果、その論理から抜け出せなくなってしまうのです。マクルーハンが「私は説明しない、探究するのみ」と言ったのはそうした事態を恐れてのことでした。

直感は言語によって知的再構成されて概念的理解が生まれます。

知的再構成とはどういうことかというと、物事を抽象化していくことです。抽象化を推し進めていけば物事は切り分けられ、物と精神は二分化され、デカルト的な物心二元論、機械論的自然観の近代知にゆきつきます。マクルーハンは、こうした二元論的な世界観、科学観では、現代社会の諸問題を解決できないと考えていました。近代科学の基盤である論理抽象思考も、行き過ぎれば生活の現実から乖離してゆきます。三木清が、「近代の哲学がレトリックの問題を忘却してしまったため、その過度の抽象性が哲学の貧困化を招いている」と嘆いたのも同じでしょう。抽象化された知識・概念はまったく別の、しかしどこか共通点がある他の事例に適用して初めて現実的な効果が発揮されます。**人間生活に寄与するためには、公理や権威からではなく、現実の事象を思考の出発点とする実践の知「レトリック」が不可欠なのです。**

マクルーハンの関心は、徹頭徹尾、現実の問題に対処するための実践知でした。「いま」気づいていないことに気づかせ、人々の行動を変えさせることでした。**マクルーハンが好んだ隠喩《メタファー》やアナロジーによる連想は、言語によって概念的に定義される前の直感的理解（ひらめき）を促す方法です。ひらめきこそが人を動かすのです。**マクルーハンはそうした自身の研究手法を「プローブ（探査／探り）」と呼んでこう語っています。

> 私のメディアに関する仕事のほとんどは金庫破りみたいなもので、始める前には中に何が入っているか知らない。私はただ問題の前に身を置き、仕事に取りかかるだけである。錠のはじき金が回って金庫の中に入るまで、私は手探りし、探査し、耳をそばだて、検証する。それが私があらゆる種類のメディアに対処するときの方法である。
>
> 『The Book of Probes』

異種のものを結びつける理性のちから「インゲニウム」

ベーコンの『ノヴム・オルガヌム（新機関）』から一世紀近くたった一七二五年に、イタリアの修辞学者ジャンバッティスタ・ヴィーコ（一六六八〜一七四四）は、『新しい学』を著しました。ヴィーコはもともとデカルト主義者でしたが、ベーコンの経験主義に接してからデカルトの批判を開始しました。レトリックと詩学の素養を身につけた修辞学者ヴィーコがレトリックは不要のものとするデカルトから離れるのは必然であったでしょう。

プラトンの系譜をひく数学的思考のデカルト（一五九六〜一六五〇）は、歴史的伝承や経験、知覚に基づく認識は歪曲や捏造が紛れ込んだ蓋然的なものであるとして否定しましたが、ヴィーコは歴史的認識のなかに正当性を認め、人間、社会、歴史の研究においては「真実らしいもの」すなわち蓋然性も考慮されなければならないと主張しました。レトリックで語られたこと、例えば、民族の知恵である「諺《ことわざ》」なども蓋然性の一つです。

真理とは、「諺」のように長い期間にわたって多くの人が積み重ねたものにより漸次的に

明らかになってくるものであり、数学的に、三段論法的に一挙に明らかになるものではありません。ヴィーコは人類すべてに共通する判断力「共通感覚（センスス・コムニス）」に真理を求めたのです。

　アリストテレスが「五感を貫き統合する感覚」と定義した「センスス・コムニス」（ラテン語）は、後に万人が共通にもつまっとうな判断力、すなわち「コモン・センス（常識）」の意味合いをもつようになりました。ここでいう「常識（コモン・センス）」は、「コロンブスの卵」の逸話が示すような打破すべき時代遅れの認識のことではなく、デカルトが説いた「良識（ボン・サンス）」と同じと言ってもいいものです。

　エリート主義者のプラトンは大衆を信じず、民主主義を否定して「哲人政治」を主張しましたが、レトリックの知の始祖ソフィストたちには、民族の伝統の中に保存された大衆の常識《コモン・センス》に対する信頼がありました。**常識《コモン・センス》の中にこそ、正しい判断と創造のヒントがあるのです。**雄弁家ソフィストの系譜をひく修辞学者ヴィーコは、この世界に起き、大衆の中に受け継がれている個々別々の事柄がつながっていくことの喜びをこう書いています。

［場所や時代を］大きく異にする事柄の間に、何らかの共通の理（ラジョーネ）によって、それらを互いに結びつけるような絆《きずな》が存するのを見出して、大いに知的な喜びを感じ

> た。この絆とは、［精神の］明敏さを喜ばしいものとなす、雄弁の見事な綾（ナストリ）に他ならない。
>
> 『ヴィーコ自叙伝』

ヴィーコもまたアナロジー思考による「発見」の楽しさに魅せられていました。**ヴィーコは、アナロジーを完成させる「一見ばらばらに見えるもの、異種のものの間に媒介項（medium）を見出し、両者を関連づける知性の能力」をインゲニウムと呼んで、専門化しすぎた教育の全体性回復を唱えました。**

ヴィーコは、今日ますます深刻になりつつある学問のタコツボ化に、この時代すでに懸念を抱いていたのです。**雄弁・修辞《レトリック》によって、各々の領域はうまく対応し合い、関連づけられ、知識を総体として捉えられるようになります。**

世界は類比《アナロジー》に満ちている

ジョージ・レイコフの著書に『Women,Fire,and Dangerous Things』（邦訳：『認知意味論』／紀伊國屋書店／一九九三年）という題《タイトル》の本があります。「女性、火、危険物には何か共通点があるということ」を示唆した隠喩的タイトルですが、このタイトルに好感を抱くにしても、嫌悪感を抱くにしても、一見何の関係もないこの三つを関連づける認知が存在するとレイコフは言っています。

この異種のものを関連づける理性の力こそ、アナロジー思考であり、隠喩思考なのです。

こういう思考は意識していないだけで、われわれの日本語の中にも深く組み込まれています。

・特急は一日三本走っている。
・電話の一本ぐらいかけてきてもいいのに。
・十五本目のホームランを放った。
・卓球の試合でラリーが二十本以上続いた。
・三本立ての映画を観た。
・テレビのレギュラー番組を五本もっている。

レイコフは、日本語の「本」は「細くて長いもの（線）」を共通のイメージとして用いられていると言っています。線路、電話線、ホームランの放物線、ラリーの球筋、リールに巻かれた映画フィルムが「細くて長い線」です。最後のテレビには「線」はないように思われますが、テレビ番組に映画のフィルムのイメージが残っているのでしょうか。それとも、電波の「帯」域が意識されているのでしょうか。

もう一つ例を挙げましょう。

・月が山にかかる
・列車が鉄橋にかかる
・旅行の出発日が正月休みにかかる
・病気にかかる
・医者にかかる
・お目にかかる

これらはまったく異種の事柄でありながら、「かかる」の動詞一語で言い表されています。これらの言葉を生み出した古代の人々にとってそれぞれの事象は、まったく無関係なことではなく、何らかの共通項、すなわち類比（アナロジー）があったということです。椅子の**「脚（あし）」は、人間や動物の「足（あし）」の類比《アナロジー》として表現されているように、この世の**

あらゆる存在は類比的に構成されています。世界に起きるさまざまな事柄の類比《アナロジー》に気づくことが直感のカギなのです。

類比《アナロジー》の発見が生んだメディア論

マクルーハンに影響を与えた経済史家ハロルド・イニスは、河川、運河、鉄道といったカナダの物流ネットワークの研究者でしたが、晩年、物流ネットワークとコミュニケーション・ネットワークの間に「帝国（広大な領土をもつ国家）」を支配するための「精神のネットワーク」としての類比《アナロジー》を見出し、「メディア技術の発展と帝国の興亡」をテーマとした歴史研究に転じました。情報と物流に密接な関係があることは現代においては容易に理解できますが、この時代にそれに気づいたイニスの発想の豊かさがなければメディア研究はまったく別なものになっていたかも知れません。イニスが「メディア論」の創始者と言われるのも十分な理由があると言えるでしょう。

マクルーハンの場合は、現代の活字からエレクトロニクスへの文化移行と古代ギリシア・

プラトンの時代の口誦からアルファベット識字への文化移行との間に、さらに十六世紀英国エリザベス朝期の口誦から活字への文化移行との間に類比《アナロジー》を見出したこと、あるいは、自動車は足の、写真は目の、電話は声の、ラジオは耳の、「身体の拡張」であることに類比《アナロジー》を見出したことが、この上なくユニークな「メディア論」の発想につながりました。**「身体の拡張」あるいは「中枢神経の拡張」という共通項によって、「概念」をも含む人間がつくったあらゆる人工物（アーティファクト）は、マクルーハンによって「メディア」として分析されることになったのです。**

類比《アナロジー》に気づくことによって人間の想像力は平常の把捉を超えて未知の領域に飛躍できます。マクルーハンのメディア論から類比《アナロジー》を取ってしまえば、どこにでもある「情報社会論」になってしまうでしょう。こういう世界の見方を知ると、「状況のあらゆる局面とあらゆる部分に完全な関連性がある」というマクルーハンのホームズ批評が少し分かった気がしてくるのではないでしょうか。

第六章

展開

全体を一挙に
つかみ形にする

インターネットが吹き飛ばした「専門の壁」

マクルーハンはレトリックの知の伝統である百科全書的博識を理想としました。竹村健一氏によれば、マクルーハンの部屋には、〝No Specialist Need Apply（スペシャリスト応募の用なし）〟と書いてあったということです。**マクルーハンは、「専門家（スペシャリスト）というものは、小さな誤りは決して犯さないが、すごい誤りに向かって進んでいくものである」と皮肉っています。**

マクルーハンは、断片化された専門家《スペシャリスト》の狭量の知を嫌い、自身は博覧強記ぶりを示しましたが、専門家《スペシャリスト》からは科学的でない、証拠を示していないのは本当は何も知らないからだ、と批判されました。ですが、一見でたらめに見えるマクルーハンの記述は、西洋の科学的な思考の伝統を回復させようとの試みでした。

活字文化では、大学でも産業界でも専門が細かく分断され、知の交流を阻んできました。それが、インターネットによって専門の壁が吹き飛ばされ、異なる分野の間に新たな関連性、パターンを発見できる環境が生まれたのです。**学問においてもビジネスにおいても「異業種参入」は当たり前で、異業種だからこそアナロジー的に見えてくるものがあるのです。**

湯川秀樹博士など著名な科学者の多くが「詩と科学」の近接性について語っていますが、偉大な発見は科学と芸術の垣根のないところで生み出されてきました。

インターネットはまさに「知の百科事典」です。ありとあらゆる情報に誰もが手軽にアクセスできます。活字文化が支配的だった六〇年代当時は反発を受けたマクルーハン的思考、知の総合化に向かう思考が、電子メディアの浸透によって受け入れられるようになってきているのです。

全体は部分の総和ではありません。それ以上のものです。全体は全体の形態（ゲシュタルト）としてのみ把握することが可能であり、部分は全体との関係においてのみ理解されるのです。マクルーハン自身、自分の方法こそが、電子メディア時代の文化を読み解く「学（サイエンス）」であると思っていました。マクルーハン最後の著作『メディアの法則』は、自身の生涯の研究を学（サイエンス）として位置づけようとする渾身の仕事でした。

線的思考を逃れるモザイク・アプローチ

科学的推論の方法としては、一般に演繹法と帰納法があり、広義の帰納法には、枚挙的帰納法、類比《アナロジー》、アブダクション（仮説形成）が含まれます。類比《アナロジー》やチャールズ・サンダース・パース（一八三九〜一九一四）が提唱したアブダクションは、演繹法でも帰納法でもない第三の創造的推論とする分類もありますが、アナロジーもアブダクションも帰納法と同様に具体的な事例の考察から始める点で、ここでは広義の帰納法に含めます。

演繹法は証明を必要としない法則や理論（仮説）から入って、個々の具体的な事例に適用する上からの推論です。議論には強いので交渉事にはよく使われますが、創造性には欠けます。先に挙げた「ソクラテスは死ぬ」という三段論法も、「死すべき人間であるソクラテスは死ぬ」といっているだけの同語反復《トートロジー》です。ある意味当たり前のことを言っているので議論には強いのです。

マクルーハンの思考方法は、広義の帰納法に分類されるものです。帰納法は演繹法とは逆の、権威とか定説に頼らず、どんな些細なことも見逃さず、事実を収集し、その中から共通の原理、法則を発見しようとする下からの思考です。マクルーハン自身は帰納法という言葉は使っていませんが、その代わりに「**モザイク・アプローチ**」という言葉を好んで使っています。これは物事を縦（時系列的）にではなく、横（同時的）に並置していく思考です。マクルーハンが新聞を新しい芸術様式として評価したのは、新聞の記事の配列がモザイクだからです。

もともと新聞は、本のように線的に一定の所見を述べるものでした。それがマルコーニによる無線電信の発明によって劇的な変化がおきました。電信によって世界各地から届くその日の出来事をできるだけ多く掲載するため、一つ一つの記事は短く切り詰められ、脈絡のないまま同じ紙面に並べられました。さらに記事の前に活字の大きさを変えた大見出し、小見出しがつけられるようになると、読者は見出しだけを「飛ばし読み」するようになります。そして新聞の発行部数が増えるにつれ、記事の間に広告が頻繁に挟み込まれるようになった結果、まったく連続性を欠いたモザイク状の活字媒体が出来上がりました。

マクルーハンは**「人々は新聞を読んでいるのではなく、温かい風呂につかるように新聞に入り込んでいる」**と言っていますが、これは新聞を揶揄しているのではなく積極的に評価しているのです。新聞のモザイクは、視覚的連続性を逃れ他の諸感覚を呼び覚ますものでした。マクルーハンは絵画を例にモザイクの効果をこう説明しています。

> 二次元的なモザイクや絵画は、すべての感覚同士に最大限相互作用が生ずるよう、視覚的なものそれ自体を抑え込む様式である。対象を見るのではなく抱くように描くことは、「セザンヌ以降の」画法の戦略であった。
>
> 『メディアの法則』

「視覚的なもの」とは、計画されたもの、線的に秩序づけられたものという意味です。ここでは目の網膜に閉じられていた絵画を、五感の中に拡げていくモザイクの効果を言っていますが、マクルーハンは新聞も同じだというのです。新聞は記事の配列が不連続であるだけでなく、重大な政治的問題に関して「社説」と政治面の記事がまったく反対の意見を述べていることさえあります。**本とは違って新聞の視点は固定しておらず、それは社会の集団的告白であり、今日のＳＮＳ投稿の先駆けでした。新聞の読者は紙面の見出しにざっと目を通し、何から読もうかと記事を選択して読み始めるわけですが、それは社会のイメージをつくる新聞の製作プロセスに読者が「参加」しているということです。新聞は「参加」を促すクールなメディアなのです。マクルーハンはそれを「新聞という風呂に入り込んでいる」と表現したのです。**

「モザイク・アプローチ」は、『野生の思考』（みすず書房／一九七六年）の著者Ｃ・レヴィ＝ストロースがいう「ブリコラージュ」と同じでしょう。ブリコラージュとは、もともと「寄せ集めのものを組み合わせて臨機応変に必要なものをつくる器用仕事、間に合わせ仕事」という意味のフランス語です。

計画的に進められたことは想定外の事態に慌てふためきますが、ブリコラージュはその時、その場で与えられた条件の下《もと》で試行錯誤しながら、直感的に全体のイメージをつくり上げます。眼前の事象を概念ではなく記号としてとらえ、ある事象間の関係性を類似の関係をもつ別の領域の事柄に類推的《アナロジカル》に結び付けて、世界に意味と構造を与えていく柔軟な思考方法です。モザイクもブリコラージュも、西洋近代の合理思考が失った理性と感性の豊かな邂逅の場なのです。

マクルーハンはインターネット時代の概念の提唱者

マクルーハンは、当時まだ粗かったテレビ画像の特性についてもこのモザイク概念を適用して論じました。「テレビ視聴者は走査線上を高速で移動する点の光の残像を、スーラやルオー式の抽象芸術に再構成している。テレビ画像は、光と影の点がモザイク状になった網の目である。西洋絵画の遠近法による三次元世界はテレビにはない。テレビの二次元的モザイク画像こそ、諸感覚の相互作用を生むダイナミックな形式である」と。画像に加え、テレビはプログラムそのものもモザイク状です。同じプログラムの中の場面展開も唐突ですし、悲惨な事故の報道のすぐ後に心暖まるホームドラマがくるといったモザイク構成は本にはありません。テレビの視聴者は瞬間、瞬間の映像の隙間をつなぐ文脈づくりに無意識のうちに「参加」させられているのです。

この「モザイク」なる語はインターネットの黎明期、コンピューター技術者を驚喜させた用語でもありました。というのも、ウェブページに画像を表示することを可能にした最初のブラウザの名称が「モザイク」だったのです。インターネットの情報世界は線的な活字世界とは違い、脈絡のないモザイク状であることを宣言したようなぴったりのネーミングでした。ついでに言えば、ウェブページを渡り歩き閲覧することを「ネットサーフィン」といいますが、これもマクルーハン用語と言われています。『グーテンベルクの銀河系』には、次のような記述があります。

> ハイデッガーは、デカルトが機械主義の波乗り遊戯《サーフボード》を楽しんだように、電子時代の波乗り遊戯《サーフボード》を楽しむ。

さらに、コロナ禍の影響で日本でも話題になっているベーシック・インカムをマクルーハンが予言していたと聞けば驚かれるのではないでしょうか。マクルーハンには「電気時代の所得保障 Guaranteed Income in The Electric Age」という小論があり、そこで「人類を苦しめてきた〝欠乏〟は電気のオートメーション技術によって克服され、所得保障制度が可能になる」と言っています。

今日のベーシック・インカムは貧困救済やＡＩが人間の仕事を奪うのではないかという不安の解消手段として議論されていますが、マクルーハンの場合は、「**所得保障が導入された暁には、人間は電気のフィードバック技術を通して、全感覚、全能力を動員した創造的《クリエイティブ》な活動に専念できるようになる**」という点に重きがありました。「創造的な活動」とは、芸術のような非経済的な活動のことを言っているのではなく、機械では代替できない人間だけができる生産的な活動のことです。「電気のフィードバック技術」は今日のインターネットと考えればいいでしょう。

マクルーハンは、「**情報の生産が主たるビジネスになる電気時代には、労働はスペシャリストの作業**（ジョブ）**からゼネラリストの役割**（ロール）**になる**」とも言っていますが、ここでいうスペシャリストは分業化された仕事の作業員、ゼネラリストは全体の成果に主体的に参加する職業人というような意味です。マクルーハンは、活字文化が地になってできた機械文明の分業化された労働の形態を嫌い、電気時代には人々は統合された存在としての自分を取り戻せる、と考えていました。どんな端役《ロール》であれ、全体に対する責任と信念をもつ役割《ロール》はクリエイティブな活動です。**今風に言えば、「真の働き方改革とは、従業員の残業を減らすことではなく、従業員を作業《ジョブ》から解放し、役割《ロール》を与えてあげること」ということでしょう。**

所得保障あるいはベーシック・インカムは、まだ完全な形では実現されていませんが、欧米諸国では実験的な導入が進んでいます。マクルーハンの時代、パソコンもインターネットも現れていませんでしたが、マクルーハンがインターネットの予言者と言われるのも、こうしたネット時代の概念の提唱者であるからです。

話が脇道にそれてしまいましたが、モザイクに話を戻しましょう。マクルーハンは、「本質的に聴覚的同時場の電子的メディアの理解にあたっては、活字の視覚的で連続的アプローチよりも感覚間の相互作用を生じさせる二次元的モザイク的推論の方がはるかに容易なばかりか唯一適切なアプローチである」と言っています。

つまり変化が常態の現代社会の分析においては、視点（ポイント・オブ・ヴュー）とか観点（パースペクティブ）をもつことのディメリットの方が大きい、ルネッサンス以降の線的に秩序づけられた世界は電気技術によって崩壊してしまっている、と言うのです。印刷文化が築き上げた思考のフレームが失われた中で書かれたのがマクルーハンの一連の著作です。線的思考を欠いた「アンチ・ブック」と言われましたが、モザイク・アプローチによって、線的思考では見えなかった歴史の中の因果関係が浮かび上がってきました。

三科《トリヴィウム》の力関係を変えた グーテンベルク技術

前述したように、発見、発明というのは人文学 humanities から出てきています。マクルーハンが傾倒したルネッサンスの人文主義者（ユマニスト）たちは、古典古代のレトリックの知の継承者でした。**人文主義者《ユマニスト》には、社会がどんなに変わろうとも人間が人間である限り変わらないものがあるとの確信があり、常に古典に返ってその知を受け継いでいるのです。**彼らの、時代も分野も場所も異にする事柄の間に新たに類似（比例関係）を見つけていくアナロジー思考が「発見」を生み出してきたのです。

西洋における縦と横、すなわち論理とアナロジーという二つの知は、それぞれ補完し合いながらバランスを保ってきました。それが、自由学芸七科（リベラルアーツ）の伝統です。自由学芸七科とは、修辞学、文法学、弁証学（論理学／哲学）の三科（トリヴィウム）と、算術、幾何学、音楽、天文学の四科（クアドリヴィウム）の計七科です。古代から中世にかけて、この自由学芸七科が西洋の大学のカリキュラムの根幹にありました。この七科の習得が奴隷でない自由民に必要な教養とされました。

マクルーハンがケンブリッジ時代に研究したのは、七科の中でも知の基盤ともいえる三科の歴史です。三科はいずれも「言葉の学」です。今でいえば、三科《トリヴィウム》は文系、四科《クアドリヴィウム》は理系の学科です。音楽が理系の仲間に入っているのは変だと思うかもしれませんが、この時代の音楽は今のような音楽ではなく数学のようなものでした。自然界同様、音もまた数学的調和で成り立っていると考えられていました。

三科の後に生まれた学科である四科は「自然という書物」を読み解くためのそれぞれの技《わざ》ということで三科の中でも文法学の下位区分に置かれていました。**文法学は神の言葉が書かれた「聖書」と並んで「自然という書物」、つまり神の創ったこの世界を読み解く学問です。マクルーハンの文明解釈の方法もこの文法学的手法でした。文法家マクルーハンは、本来的に文明学者になる宿命を負っていたのです。**

安定していたこの自由学芸七科のバランスが崩れたのは、十五世紀にグーテンベルクが発明した活版印刷技術の影響によるものです。グーテンベルク技術によって、自由学芸七科の土台であった三科の力関係に変化が起きたのです。マクルーハンはそのことをこう書いています。

三科の全史は、後には「古現論争」の名で知られる敵対関係に貫かれている。文法学（博識な釈義と註釈の百科全書的伝統）と修辞学は連携し、弁証家たちの軋轢多い主張を抑え三科の支配権をおおむね維持していた。（中略）十五世紀以上にわたり、とはつまりわれわれの西洋史のほとんどの期間、キケロ的学習計画――それ自体が古代ギリシアの教養的《リベラル》な教育システムたる「百学連環（enkyklios paideia）」を回復したものであった（マルー『古代教育文化史』[Marrou1956]を参照）――が、教養的《リベラル》教育とキリスト教的ヒューマニズムの基礎であった。グーテンベルクによる印刷術によって、アルファベットのもつ視覚的な力が改めて新たな支配権を獲得した。そしてフランス人弁証学者ペトルス・ラムスが現代学派（弁証学者）と古典学派（修辞学者と文法学者）の論争に改めて火を点じ、弁証学の「方法《メソッド》」が伝統を廃れさせる。そのとき以来、文法学と修辞学は、われわれの時代のあらゆる芸術および科学同様、弁証学もしくは左脳の鋳型のなかで改めて鋳直されてきたのである。局面が一転するには、二十世紀に入って聴覚空間への、つまり

—意識の右脳的な多感覚的形態への回帰を俟《ま》たねばならない。

『メディアの法則』—

グーテンベルク技術は視覚強化の技術でした。近代における弁証法的方法の隆盛は、視覚の特性である「一時に一つ」という視覚の分析的な意識の強調がもたらしたものでした。「本を読む」とは、一ページ目の一行目から最終ページの最終行まで一列に流れる文字の線を一文字、一文字、視線を「移動」させながら意味を探っていくことに他なりません。この行為は尋常でない忍耐と集中力を要求します。

印刷本によってこの経験が強化され、視覚が他の感覚に対して君臨するようになると、それまで聴・触覚的な全体感覚で環境に没入し、環境と一体化していた部族的な西洋人は、世界を距離を置いて見る意識を身につけ、自らを世界から切り離された存在、「疎外」された存在と感じ始めました。それが外部世界との果てしない闘争意識を生み、大航海とその後に続く西洋近代の世界征服のエネルギー源となったのです。

「共通感覚」の回復が西洋を救う

マクルーハンは、ヒロシマの原爆投下に行き着いた西洋文明に深く絶望しました。参照すべき伝統の「地」をもたず、「図」のみによって抽象的に思考する弁証法の硬直的な文明解釈の帰結がヒロシマの原爆投下でした。

「正と反」の対立システムによる思考法は限界に達しており、西洋文明はかつてあった創造的で柔軟な思考を回復させる必要がある、とマクルーハンは考えていました。そして、五〇年代に登場してきたニューメディア、テレビにその可能性を見出したのです。テレビの出現は、活字的な感受性の終焉を予兆させるものでした。アルファベット・リテラシーの行き過ぎた視覚優位によって引き離された西洋人の原初の感覚と情緒がエレクトロニクスの即時性によって回復され、感覚間の相互作用を促す共感覚的アナロジー思考、時代や場所を異にする事柄の間をつなげていく「知の総合化」が復活してくることを期待したのです。

スティーブ・ジョブズがマクルーハンを読んでいたかどうかは分かりませんが、ジョブズの**「アップルはいつも、テクノロジーとリベラルアーツの交差点に立とうとしていた」**、

「創造性とは、いろいろなものをつなぐ力だ」という言葉は、彼が活字文化によって分断された知を再び総合知（リベラルアーツ）として回復させようとした実践者であったことを示しています。

マクルーハンは知のバランスの回復を、五感を貫き統合する感覚である「共通感覚（センスス・コムニス）」という言葉で言い表しています。前述したジャンバッティスタ・ヴィーコが真理判断のよりどころとした感覚です。**共通感覚は、感覚と理性の交差点であり、共通感覚をいきいきと働かせることが理性の不毛な形式化を回避し、感性・感情を高次の秩序のなかにおさめることができます。マクルーハンは、活字文化によって損なわれた共通感覚を回復することが現代の諸問題の解決につながると期待したのです。**

〝keep in touch〟（接触している）あるいは、〝get in touch〟（接触する）というのは、諸感覚の実り多い出会い、聴覚に移し変えられた視覚と運動感覚に移し変えられた聴覚、それに味覚と嗅覚、その出会いの問題である。〝common sense〟（共通感覚）というのは人間に特有の力であって、一つの感覚による一種類の経験をすべての感覚に移し変え、結果を一つの統一されたイメージとして精神に連続的に提示する力のことである。そう、幾世紀にもわたって考えられてきた。実際、この諸感覚間の統一された比率《レイシオ》というイ

メージこそが、長いこと、われわれの合理性《ラショナリティ》のしるしであると考えられてきたのであった。

『メディア論』

マクルーハンが「テレビは触覚メディアである」と言ったり、「感覚比率（センス・レイシオ）」という言葉を頻繁に使っているのはこの共通感覚の回復が念頭にあるからです。

人間がつくったものはすべてメディアである

マクルーハンは、人間の感覚比率を変容させるものとして、狭義のメディアだけでなく、「概念」をも含む人間のつくった人工物（アーティファクト）全てをメディアとして考察の対象としています。多くの人はここで戸惑われるかも知れません。メディアを技術一般に拡大するまではいいにしても、概念や制度にまで拡げるのは変ではないか、と。

しかし、それはわれわれがデカルト的な物心二元論に捉われているからです。効果において同じ作用があるなら、物質的なものと精神的なものを分けて考える必要はない、というのがマクルーハンの主張なのです。

例えば、受験生は、大学入試の時に「偏差値」を意識します。マクルーハンに言わせれば偏差値もメディア、人工物《アーティファクト》です。偏差値という概念ができる前は、大学の評価は、伝統であるとか、有名な先生がいるとか、卒業生の就職先といった別の指標がありました。しかし、偏差値という概念が生まれると、大学の見方は「偏差値」に支配されるようになりました。偏差値の隠喩《メタファー》が大学の見方を変えたのです。

会社に入れば、「役職」とか「職位」という人間を選別するメディア（職階制）が待っています。この人間の組織における地位のランクが日本でできたのは、聖徳太子の「冠位十二階」が最初です。それまでは、人間の評価は、家柄（氏姓《うじ・かばね》）であるとか、お金をもっているとか、戦いに強いとか、性的な魅力があるとか、そういうことで定まっていました。

しかし、冠位十二階というメディア、すなわち世襲の氏姓《うじ・かばね》ではなく個人の能力に対して位階を与える制度によって、一つでも上のランクに上ることが人生の目標になったのです。冠位十二階の隠喩《メタファー》が人生の見方を変えたのです。江戸時代の大名も、一つでも上の官位をもらうために競って賄賂を幕府の有力者に渡していました。そもそも、太閤秀吉にしても、征夷大将軍徳川家康にしても、太閤、征夷大将軍の官位を、たとえ形式的であったとしても天皇から授けられなかったら権威をもてなかったのです。おそるべき官位というメディアです。

これは日本に限った話ではありません。西洋においては「王権神授説」という概念（メディア）が長く絶対王政の権威を守ってきました。次いで王様を断頭台に送った「民主主義」という新たな概念《メディア》が権力を奪取する者の正当性を保証するようになります。名ばかりの民主主義も、エリート以外の階層には絶対権力を渡さない「一党独裁」の民主主義もありますが、実態がどうであろうと抽象化された言葉による概念が、新たな世界観をつくるのです。

人間は自分がつくったもので変えられていきます。人間以外がつくったもの、例えば、鳥の巣や自然の地形は人間を変えません。ですが、**人間が発したものである人工物《アーティファクト》はすべて言葉同様に、人間の意識を拡張させ、経験の意味を変形させる隠喩《メタファー》であるというのがマクルーハンのメディア論であり、技術文明の見方です。**マクルーハンの分かりにくさも、魅力もここにあります。

「テトラッド」で現代《いま》をつかめ

マクルーハンの隠喩的思考、アナロジー思考は、彼が専門とした西洋の人文学の伝統に基づいた「発見」の方法でした。しかし、人文学の素養のないわれわれがマクルーハンの方法を身につけることは容易ではありません。そもそもアリストテレスの昔から、似ていないものの間に類比《アナロジー》を見てとる能力、つまり優れた比喩をつくる能力は、学びとることができない生来の才能であると言われてきました。優れた詩人だけがその才能をもって生まれた唯一の存在でした。

マクルーハンも自分の考えが受け入れられないことに気を病んでいて、晩年、自分のアイデアを誰もが利用できる実用的な方法に仕上げたいと思っていました。その方法は、長男エリックの協力もあってついに「発見」されました。

その方法とは、「技術」の影響を多面的に見るための思考の道具「テトラッド」です。マクルーハンはそれを「メディアの法則」と名付けました。

> われわれのメディアの法則は、われわれの技術やメディアや人工物の特性と、それらによってわれわれ自身に加えられる作用のいかなるかを明らかにする手っ取り早い手段を提供することをめざしている。メディアの法則はどんな概念や理念にも依存せず、経験的で、そして人間がつくったありふれた道具と便宜《サーヴィス》の振る舞い作用に気づくための実践的な手段を形づくる。メディアの法則は、ハードウェアであれ、ソフトウ

エアであれ、ブルドーザーであれ、シャツのボタンであれ、あるいは詩的な表現方法であれ、哲学的な体系であれ、およそ人間がつくったありとあらゆる人工物に当てはまるものである。

『メディアの法則』

テトラッド（メディアの法則）は、人間がつくったもの（人工物）の作用と反作用を解明するため、次の四組の質問形式で構成されます。

・それは何を強化し、強調するのか？
・それは何を廃《すた》れさせ、何に取って代わるのか？
・それはかつて廃れてしまった何を回復するのか？
・それは極限まで推し進められたとき何を生みだし、何に転じるのか？

メディアのもたらす強化、衰退、回復、反転の諸相を同時に捉えることで、世界はもっと総体として理解されるようになるのです。マクルーハンはこう言っています。

　このテトラッドは右脳的性質のものであり、各テトラッドは互いに比例し合う二つの図と二つの地からなる。この比例する均衡関係は、（例えばヘーゲルの三分法のような）理論的な分類によって無理やりつくられたものではなく、われわれがとり上げる人工物や手続きに構造的に内在しているものである。四つは四つ、すべて過程《プロセス》である。これらのテトラッドは、社会的プロセスや技術による文化変容を解釈しようとする地を欠いた弁証法的で体系的なマルクス主義的やり方を、議論を生きたことばたちの言語学にすることによって、ことごとく時代遅れなものにする。

『メディアの法則』

マクルーハンは、**「人間がつくりだしたものはすべてこの四つの諸相で説明がつく。もし三つや五つも見つかれば、それは「法則」**（すなわち科学）**とは言えなくなる。必ず四つになるはずだ」**として学生や同僚にこの問いを投げかけました。こうして、数多くのテトラッドの事例が学生、研究者を通じてつくられ、検証されて「メディアの法則」となりました。テトラッドの働きは隠喩同様、図と地の相互作用によって説明できます。

- **強化**：ある構成要素の一つを図に変えること、あるいはすでに図になっているものをさらに強めること
- **衰退**：図が地に戻ること
- **回復**：地が新しい状況を通して図となること

・反転：図と地が立場を入れ替えること

四つのそれぞれの質問には線的なつながりはありませんが、「強化」対「回復」の関係は、「衰退」対「反転」の関係に等しいといった動的な比例関係がある点でアナロジカルな形式です。テトラッド的思考によって、線的思考では見落とされ、軽んじられてきた新技術がもたらす影響に光が当てられ、新しい「現実」が立ち上がってきます。一つの技術の影響が、角度を変えてみればまったく別な様相となって現れてくるのです。テトラッドは、まさに水平思考の道具と言えるでしょう。テトラッドによって、あらゆる人工物は言葉同様に人間が発したものとして修辞学的研究と文法学研究の対象となります。マクルーハンにはレトリックの知（修辞学と文法学）の回復によって三科（トリヴィウム）のバランスを取り戻そうとの強い想いがあったのです。

テトラッド

ある構成要素の一つを 図に変えること、あるいは すでに図になっているものを さらに強めること **強化**	図と地が立場を 入れ替えること **反転**
回復 地が新しい状況を通し て図となること	**衰退** 図が地に戻ること

強化、衰退、回復、反転に様々な項目を当てはめてみると、
新しい現実=アイデアが浮かび上がってくる

▼

お金

商売、貿易 **強化**	クレジットカード（キャッシュレス） **反転**
回復 狩猟採集社会において行われた 富の見せびらかし消費、浪費的消費	**衰退** 物々交換

自動車

輸送、プライヴァシー 強化	身動きが取れない都市の交通渋滞、 自動運転による公共交通機関 反転
回復 ピカピカの甲冑で身を固めた騎士	衰退 幌馬車

SNS

非対面コミュニケーション、 交友活動の広がり、社交の楽しさ 強化	SNS病（自分だけ取り残されることへの不安・恐怖）、 コミュ障、引きこもり 反転
回復 同族意識、集団意識、 グループの一員としての安心感	衰退 電話、助け合いの精神、 対面コミュニケーション

高層建築（共同住宅）

孤独と雑踏 強化	スラム 反転
回復 地下墓地（カタコンベ）	衰退 共同体

成果主義報酬

個人主義、競争意識、社員のモチベーションの向上、優秀な社員の確保 強化	優秀な社員の転職の増大、強欲資本主義、 社員のモチベーションの低下 反転
回復 自然界の掟、弱肉強食	衰退 モラル、会社への忠誠心、 平等意識、助け合いの精神、謙虚さ

> 技術は身体あるいはその一部の、いわば人工補綴装置、突然変異体、隠喩《メタファー》である。テトラッドは、四つのレヴェルで進む釈義であり、それが示すのは神話的なものではなく、それぞれの人工物がもつロゴス構造であり、その四つの「部分」を隠喩またはことばとして示すのである。テトラッド形式をしたメディアの法則は本来、修辞学および文法学のものであって、哲学のものではない。われわれの関心は語源と釈義にある。これは技術《テクノロジー》と人工物に関する現代の研究を人文学的、言語学的に基礎づけようとする初めての試みになるはずである。
>
> 『メディアの法則』

テトラッドは個々の技術の多面的な影響を考察する際に有効に使えるだけでなく、ビジネスの戦略を定めていく際にも示唆を与えてくれます。新技術によって「強化」される産業分野は、誰もが最初に注意が行くため参入過多の「レッドオーシャン」となります。

一方、その新技術の影響で「衰退」する分野は人々の関心が薄れていきます。ただ、衰退することで「希少性」や「ノスタルジー」といった新たな価値が加わることにも注意が必要です。デジタル経済全盛の時代だからこそアナログものが価値をもってきます。マイナーなものはやがてやってくる「回復」と「反転」を待っているのです。

その「回復」と「反転」に気づくのは簡単ではありません。**特に「回復」に気づくのは**

最も難しいですが、最もクリエイティブです。なぜなら、「回復」は衰退してしまった過去のある事柄をアナロジー的に再生することだからです。かつてどこの商店でもやっていた得意先の要望を聞いて商品を届ける「御用聞き」は、郊外の大型店の出現で廃れてしまっていましたが、今日ネット通販という形で回復されました。時代にそぐわなくなっていた「お見合い」は、マッチングビジネスとして回復されました。

マクルーハンが活字の影響で衰退していた口誦の文化がテレビによって回復すると言ってから半世紀が過ぎましたが、今やユーチューバーは、古代ギリシアにおいて、雄弁術を駆使するソフィストたちが「教育者かつエンターテイナー」であったと同様に、新時代の「口誦の知者（ソフィスト）」になりつつあります。**活字文化（印刷教材）のバイアスから抜け出せていない学校教育は、「ユーチューバー」という回復された「口誦の知者（ソフィスト）」の挑戦を受けているように見えます。エンターテイナー的ユーチューバーが教育産業の雄になる日が近いかも知れません。今回のコロナ禍で、ユーチューバー的授業を余儀なくされている学校教育者は、紙に頼らず、生徒の興味を持続させ、教育の成果を出す「口誦の技術」の必要性を痛感していることでしょう。**

技術の進展で廃れていたものが少し装いを変えて戻ってきます。歴史が繰り返されるように見えるのはそのためです。歴史の中に現代にも通じる〝パターン〟を見つけることが新たな創造につながります。

「反転」への警鐘は民族の知恵である格言「薬も過ぎれば毒となる」、「過ぎたるは猶及ばざるが如し」にはっきりと刻み込まれています。過剰な文明生活は地球温暖化のしっぺ返しを受けつつあります。自由とプライバシーの象徴であったクルマは、自動運転技術によって個人の移動経路が晒された公共交通機関になりそうです。

ＳＮＳによる非対面社交の拡大によって対面コミュニケーションが苦手な「コミュ障」の若者が増えています。市場にモノがあふれ、過剰な消費社会が進展した結果、かえって「物の所有欲」は減退し、消費者は利用契約（サブスクリプション）を選択しつつあります。行き過ぎたグローバリズムは、病原ウイルスのグローバリズムも招き、突然、反転の局面がやってきました。行きつくところまで行くと何事も反転するのです。

こうしたテトラッド的思考は、いつもとちょっと違った「頭の使い方」が必要ですが、これによりふだん見落としていたものが見えてきます。テトラッドは小学生からビジネスパーソンまで、物事を日常とは別の角度から見るための特殊な眼鏡です。便利に使えば、それまで見えていなかったものが見えてきて、問題解決につながる発見があるはずです。

テトラッドは「マーケティングの近視眼《マイオピア》」から逃れる思考のツール

筆者としてはここまでの解説で、マクルーハンのレトリック思考とその実践方法については語りつくしたとの思いがあった一方、本書の冒頭に「マクルーハンの思考方法は、ビジネスパーソンの日常の活動にも応用が可能である」と宣言したことが実現できているかどうか不安もありました。やはり出版前に第三者から原稿への率直な感想をもらっておきたいと思い、おそらくマクルーハン的思考を日々最も実践しているであろうマーケティング、事業開発の専門家（以下、A氏）を紹介してもらい、原稿への感想を依頼しました。私の唐突な依頼を快く引き受けてくれたA氏は、後日、貴重な助言を送ってくれました。

A氏の助言を要約すれば「マクルーハンの思考の道具立ては、マーケティングや事業開発と非常に相性がいい。マーケティング業界の有名な小話に**〝ドリルを買う客は、ドリルを買っているのではなく、穴を買っているのだ〟というものがある。顧客が本当に探しているのは『穴』なのだから、顧客の探しているドリルが店頭になかったとしたら穴をあけるほかの道具を提案すればよい。ドリルメーカーがドリル技術を競い合っても、穴をあけ**

る別な道具や、３Ｄプリンタのような穴を自在に作れる技術の登場を見落としてしまうと、ドリルメーカーはいずれ市場から撤退させられてしまう、そういった学びを導く寓話である。このように市場の真の争点を見落とす状態を「Marketing Myopia」という（Myopia＜マイオピア＞は近視眼という意味）。マクルーハンのテトラッドや隠喩的思考は、事業経営者が陥り易いこの『近視眼（マイオピア）』から強制的に逃れさせる実践ツールとして使って初めて意味あるものになるのではないか」というものでした。

　自分一人で考えていたらこういうことに気づくことはないでしょう。一人机に向かって本を書くということはマイオピアの穴に向かって真っすぐ進んでいるようなものです。マクルーハンが分野の異なる人と対話したり、膨大な手紙のやりとりをしたのはこういう気づき、発見が毎回あったからでしょう。Ａ氏の言葉を受けてふと思ったことは、「日本が低成長国家になったのは、日本全体がこのマーケティング・マイオピアの陥穽《かんせい》にはまってしまったからではないか。自国の強みに拘《こだわ》っているうちに競争の主戦場が別なところに移ってしまっていることに気づかないでいるのではないか。日本人の職人気質が災いしているのではないか」ということでした。

　製品やサービスの提供者は、どうしても供給側の論理から逃れられず、顧客・利用者が何にお金を払っているのか、何に満足し、何に不満をもっているのかについての視点をもつことは困難です。提供側の近視眼《マイオピア》を逃れるためには、ブレーンストーミングのように複数の人間による「自由な」アイデア出しが有効ですが、その環境をつくることは言うほど簡単でないことは、経営者なら誰もが感じていることでしょう。社員に「自由に考えよ」と言ってもなかなか自由になれないのが人間なのです。

特に日本社会では目に見えない「空気」が会議参加者の思考にバイアスをかけています。どんな組織も「ムラ化」しています。自由な思考のためには、その人を縛っている空気や近視眼《マイオピア》から逃れさせてくれる「強制的」で「簡易」なツールが必要です。A氏のいうように、テトラッドはそのツールとして有効な機能を果たせる可能性があります。なぜなら、テトラッドは出来上がったものに価値があるのではなく、テトラッド作成の実践の中にその価値が見いだされるからです。出来、不出来は別として、とにかくテトラッドを『作ってみる」ことでその人の認識の変化のきっかけになればいいのです。出来上がったテトラッドを商品戦略や事業戦略に生かせればなお良しですが、それはまた別のマネジメントの仕事でしょう。

まだ紹介していなかったテトラッドのもう一つの特性を紹介しますと、テトラッド作成は発想の当初からグループ作業で行うように運用されてきました。『メディアの法則』で紹

マクルーハンの主宰するセミナーの様子。多様な人たちが集い、意見を出し合う
©The University of Toronto Archives and Robert Lansdale Photography

介されている数多くのテトラッド事例もマクルーハン親子が作ったものではなく、マクルーハンが主宰した恒例の「マンデーナイト・セミナー」に集まった学生、研究者、外部参加者など多様な人たちが自由に出し合って、数多くの候補の中から選択したものが、とりあえず、強化、衰退、回復、反転のそれぞれの位置に記載されているに過ぎません。その意味でテトラッドは「結論」ではなくプロセスであり、常に試案《テンタティヴ》です。別な代替案をもってきてもまったく構わないのです。

　またもともとグループ作業的なものなので、個人の発想法を超えて企業の組織文化にも関わってきます。**テトラッドのような「思考の遊び」を組織として許容する文化がないと上手くいかないでしょう。企業でも大学でも思**

考に「遊び」がないところには創造は生まれません。

私がマクルーハン・プログラムに在籍していたとき、息子のエリック・マクルーハンが「ウェンズデーナイト・セミナー」を主宰し、父の時代から続くテトラッド作成を行っていました。研究者も学生もこの「遊び」を楽しんでいました。いきなりセミナーに参加させられた私は、その思考のダイナミックさについていけずへとへとになったことを覚えています。おそらく、こうした思考に慣れていない参加者をミーティングに参加させ、へとへとにさせることにテトラッドの最初の「価値」があるのです。

さらに一歩進んで、A氏が助言してくれたように、「マーケティング・マイオピア」を逃れるために自社製品・サービスを評価、再定義するときに有効に活用できます。テトラッドを使えば、自社の事業ドメインを広げることも狭めることも自在に可能です。かつて日本のエレクトロニクス・メーカーが世界をリードしていたとき、製品の定義の仕方は様々な可能性がありました。代表的なソニーの「ウォークマン」でテトラッドをつくってみるとどうなるでしょう。テトラッドをつくるとき重要なことは、KJ法やブレーンストーミングと同じように、あまり難しく考えず、まずは強化、衰退、回復、反転の部分に思いつくままいろいろなワードを書き出してみることです。

ウォークマン

強化：好きな音楽を聴く楽しみ、ポピュラー音楽、嗜好の個人化、時間の有効利用、小さいことは良いことだ

衰退：芸術としての音楽、リスニングルーム、一人静かな時間、自然の音への関心、読書習慣、公私の区分、周囲への関心、何もしない時間、共通体験

回復：原始的な身体感覚、リズム、聴覚文化、二宮尊徳的勤勉、ながら時間（同時マルチタスク）、古来のミニチュア文化

反転：世代を超えた大ヒット曲の消滅、世代間の価値観の断絶（声の文化と文字の文化）、引きこもり、お部屋でウォークマン、保守的な人からの敵意、都会の若者の孤独

この一つの「お題」のテトラッド作成の過程で出てきた各部分ごとの多様なワードを取捨選択して一つのテトラッドをつくるのではなく、**抽象度のレイヤーが近いワードごとにグループ分けすると、複数のテトラッドが出来上がります。**

ウォークマン（1）

強化：好きな音楽を聴く楽しみ、ポピュラー音楽

衰退：芸術としての音楽、リスニングルーム、共通体験
回復：原始的な身体感覚、リズム
反転：世代を超えた大ヒット曲の消滅

ウォークマン（2）
強化：嗜好の個人化、小さいことは良いことだ
衰退：一人静かな時間、自然の音への関心、読書習慣、公私の区分
回復：聴覚文化、古来のミニチュア文化
反転：世代間の価値観の断絶（声の文化と文字の文化）、保守的な人からの敵意

ウォークマン（3）／スマートホン
強化：時間の有効利用
衰退：何もしない時間
回復：二宮尊徳的勤勉、ながら時間（同時マルチタスク）
反転：引きこもり、お部屋でウォークマン（スマホ）、都会の若者の孤独

それぞれのテトラッドは、結果として視点を変えて事物を観察していることがわかります。**（1）はオーディオ機器としてのウォークマン、（2）は若者文化のシンボル（記号）としてのウォークマン、（3）は学習・コミュニケーション装置としてのウォークマンということになるでしょうか。そして（3）は、今日のスマートホンのテトラッドとしてもそのまま使えそうです。**

ウォークマンは、携帯オーディオ専用機器のポジショニングを変えないまま、つまり（1）のテトラッド定義を変えないまま今日に至っていますが、市場自体は縮小してしまっています。ウォークマンの後、iPod で携帯オーディオ市場に参入したアップルは、iPod に携帯電話機能を加えた iPhone にあっさりと主力商品を移し、今日、隆盛を極めています。

結果として、ウォークマンの牙城だった携帯オーディオ市場は、iPhone を始めとするスマートホン・メーカーに取って代わられ、日本企業は見る影もありません。日本企業にマーケティング・マイオピアの陥穽があったのでしょうか。どうすればウォークマンが iPhone になり得たのでしょうか。その問いに答えるにはもう一冊の別の本が必要ですが、**一つヒントがあるとすれば、「教育（エデュケーション）と娯楽（エンターテインメント）を分けて考えようとする人は、どちらについてもまったく分かっていない」とのマクルーハンの言葉でしょう。**

「紙と活字による近代の学習がエデュケーションとエンターテインメントを分けたのだ。電気のスピードではこの二つは再び一つになる。電気のスピードで情報を検索できるようになると、エンターテインメントとエデュケーションの区別は取り払われてしまう」とマクルーハンは言っているのです。

「検索」という学習を嬉々として行っているわれわれに学習と娯楽の区別はありません。われわれはいったい一日何回、検索しているのでしょう。今やスマートホンは、エンターテインメントツールであるとともに究極の学習ツールです。マクルーハンが今のスマホ社会を見たなら、「仕事と遊びを分けて考えようとする人は、どちらについてもまったく分かっていない」と言ったはずです。**ヨハン・ホイジンガがいみじくも言ったように、人間は「ホモ・ルーデンス（遊ぶ人）」なのです。「遊び」とは、論理と比喩を、理性と非合理を、真面目と冗談を、必然と偶然を行き来することです。遊びには境界はなく、それゆえ遊びこそが最もクリエイティブなのです。**

スティーブ・ジョブズがどのような発想でiPodからiPhoneへ飛躍できたのか想像もできませんが、彼が「マーケティング・マイオピア」の陥穽から自由であったことは確かです。彼が、エデュケーションとエンターテインメントを、情報検索と楽しみを、技術と芸術を、分けて考えていなかったことはアップル製品のインターフェースとデザインに表れています。Macがデザイナーに圧倒的に支持されたのは、字体（フォント）の美しさがあったからでした。

単位取得のために「割り当てられた授業（カリキュラム）」に意義を見いだせなかったジョブズは、大学をドロップアウトした後、出戻り学生として、興味のあったカリグラフィー（西洋の手書き書体。日本の書道にあたる）の授業に出ていました。そのときそれが将来何の役に立つのかまったく分かりませんでしたが、カリグラフィーの美しさに魅了され、どうすれば文字が美しく見えるようになるのか必死に学びました。

十年後、Macを設計しているときにそれがよみがえってきて、それをすべてMacに組み込みました。こうして美しい字体《フォント》をもつ世界初のコンピューターが生まれたのです。**あの時代、「美しい字体」と「コンピューター」という遠く離れたものの組み合わせに革新性があると信じることができたのはジョブズだけでした。**

世の中のすべては、図書館の本棚のように「分けて」整理されています。分類すると安心できますが、そこから新しい何かは生まれてきません。既成の分類を一度崩して、自分なりの関連を見つけて新しい「棚」をつくることが、「創造する人間」に求められているのです。

デジタル革命の大波をサーフィンせよ

マクルーハンはエレクトロニクス技術が人間の精神に与える影響を、よくエドガー・アラン・ポーの『メエルシュトレエム（大渦巻）に呑まれて』の話を譬えに語りました。それは「漁師が乗った船が大渦巻に巻き込まれ、気づいたら船は凄いスピードで渦の内側の壁を旋回していた。船は一挙に渦の底に落下したわけではなく、渦巻を観察する時間があった。渦の中には、壊れた船の破片が浮かんでいたが、破片の中で渦の底に沈んでいくものとそうでないものとがあった。渦の流れを冷静に、しかも楽しみながら観察した漁師は、渦巻の外に出ていく破片の形状パターンを発見し、その形状のものにつかまって脱出できた」という話です。

人の認知を超えたスピードで情報を組み換えていくデジタル技術は、社会の何もかもを巻き込んでいく大渦巻です。インターネット社会の到来を楽観的に予言したと思われているマクルーハンですが、人文主義者《ユマニスト》マクルーハンは、新しいテクノロジーの人間精神への破壊的な影響を恐れていました。無防備なまま新しい技術に順応していけば、人間はその技術の一部となり、「人間性（ヒューマニティ）」に取り返しのつかない損傷《ダメージ》を蒙《こうむ》ってしまう。その前にその技術のもたらす真の影響に気づかせ、心の準備をさせることが必要であるとマクルーハンは考えていました。

「私の最大の関心は、今起きていることを見ようとしない人々の態度から帰結する「決定主義」を克服することなのです。技術による変化を避けられないものとして観るどころか、われわれがその技術の構成要素を理解するなら、好きなときにいつでもそのスイッチを切ることができると主張しているのです」

（ニューヨーク・タイムズ・マガジンのインタヴュー／January 29,1967／"McLuhan:Pro and Con"19）

マクルーハンは「技術決定論者」どころか、「技術決定回避論者」であったのです。**「テトラッド＝メディアの法則」は、デジタル革命という「大渦巻」の衝撃を緩和し、精神のロボティズム化を回避するための「解毒剤」です。**芸術家であれ、起業家であれ、ビジネスパーソンであれ、創造的な仕事を目指す人にとって、必ず役に立つ便利な道具となるはずです。マクルーハンがやっていたことは、すでに始まっているが誰も気づいていない深層の現実（地）を浮かび上がらせる仕事でした。マクルーハンは詩人エズラ・パウンドの言

葉を借りて「芸術家は民族のアンテナである」と言いましたが、マクルーハンこそが民族のアンテナだったのです。

おわり

おわりに

本書（のような本を）をいつか書きたいと思ったのは、『メディアの法則』（二〇〇二年）を翻訳した後である。『メディアの法則』を翻訳する過程で、マクルーハンの思想（マクルーハニズム）が、われわれが日々直面する現実の問題に対処するときに役立つ「有効な道具」になると気づいたからである。

かつて日本でマクルーハン・ブームの立役者となった竹村健一氏は、マクルーハニズムが実践の場で応用し展開するための思想であると論じ、自身そのように行動して学究肌の人々にはずいぶん評判が悪かったらしいが、私は竹村氏の考えに全面的に賛成である。

マクルーハンは、われわれが現実に対処するときに必要なモノの見方、事柄の原理を教えてくれる。それが読み手をワクワクさせ、行動を起こさせる。一方、いわゆるハウツー本は「答え」を教えてくれるが「原理」は教えてくれない。それゆえ、深いところで人を動かすことはない。

「誰もが理解する以上のことを経験する。依然として、経験が、理解する以上に、

行動に影響を与えるのである」

マクルーハンの言葉の中では地味すぎてあまり注目されることのないこの言葉は、行動する人間を勇気づけてくれる。経験しないことには何事も始まらない。概念的理解が目に見える氷山であるのに対して、経験知は水面下に隠れたはるかに大きい「暗黙知」である。言葉にできない暗黙知が人を動かすのである。今日の情報社会において、「情報の理解が個人と組織の未来を決める」との御説は尤《もっと》もであるが、注意すべきはむしろ情報の理解と行動のギャップであろう。インターネットで得られる最新の情報も、研修で学んだどんな立派な知識も、行動に生かされなければただのデータに過ぎない。

ドラッカーの著書のほとんどを翻訳した上田惇生氏は、「ドラッカーの本当のありがたみは、読み手を〝読む人間〟から〝動く人間〟に変えてくれるところである」と語っているが、私にとってのマクルーハンもまったく同じであった。ドラッカーもマクルーハンも、行動する人の背中を押してくれる思想家なのである。

言うまでもないことだが、書かれた原稿が本になるまでには越えなければならない山がたくさんある。その山をなだらかにしてくれたのが、本書を担当してくれた実業之日本社新企画編集部の白戸翔さんである。一般にマクルーハンは「過去の人」と思われているうえに、それをビジネス書として出すことの困難さは覚悟していたが、白戸さんは私の原稿を読んですぐに連絡をくれ、企画はどんどん前に進んだ。マクルーハンは過去の人ではなく現代の電子ネットワーク社会を照らす人であることを、若いビジネスパーソンにも知ってもらいたいというのが私の思いであったが、その意を汲んでくれた白戸さんは、本書にこれ以上ないタイトルをつけてくれた。そのタイトルに寄藤文平さんによるデザインというすばらしいメッセージが加わって、予想もしていなかったプレイフルな本が出来上がった。お二人には心から感謝申し上げたい。

　本書は、マクルーハンの「レトリック思考」を、マクルーハンに関心を持つ人はもちろん、マクルーハンに関心はなくても、新しいやり方で仕事や日常の課題に取り組みたいと思っている人の発想の転機になればと思って書いた。本書を手にとってくれた読者がそのように感じてくれればこれに勝る幸せはない。

中澤豊

あいまいな解説

編集を担当した身としてお恥ずかしい話ですが、この本を作るまで、私はマクルーハンについて全く詳しくありませんでした。

しかし、冒頭のマクルーハンの言葉を読み、原稿を読み進めていくうちに、どんどん引き込まれていきました。「これは、何かある」と思ったのです。

約六〇年前に、現代の状況をここまで正確に予言していたマクルーハンとは一体何者なのか。そして、あのドラッカーも彼の思想から何かヒントを得ようとしていたというところにも、現代人がいま、彼の言葉を聞く大きな意味があるように感じられました。

改めて、冒頭の『メディアの法則』を読んでみましょう。

彼は、「電子のスピードで変化する世界においては、『答えを見つける』式の古い教育パターンは役立たなくなる。その中で生き残れるかは正しい方法で『探査』できるか、問いを発することができるかにかかっている」と述べています。さらには、人々に求められているのは「海図が存在しない魔域における航海術」と続き、「それを手に入れられなければ、技術と環境を制御できなくなってしまう」と言っています。

ビジネス書をよく読んでいる方なら、その言い回しのうまさに感心するかもしれませんが、ことさら真新しさは感じないかもしれません。「発達したデジタル時代において〝問題を解決〟することは、人工知能などの技術のほうが人間よりもうまく対処できる。よって〝問題を発見する〟という部分は人間の力が発揮できる最終領域である。また、変化のスピードが著しく、今日使える方法が明日には通用しなくなる社会環境の中で生き抜くには、その中で適応していく術が必要だ」といったことが、最近のビジネス書などで語られることが多いからです。

しかし、マクルーハンは約六〇年前、インターネットもＳＮＳもない時代にこれらのことに問題意識を持ち、語っていました。彼は世界が密につながることを生々しいまでに思い描き、そこで生まれる問題に向き合って、多くの人に伝えようとしていたのです。

本編でも繰り返し述べられていますが、いまを生きる私たちはスマホ一つで常時世界とつながることができ、少し指を動かせば世界に向けて言葉を発することができるまでになりました。マクルーハンは「メディアはメッセージ」と言いましたが、既に私たち一人ひとりがメディアとして機能してしまっている現実に改めて向き合うと、何とも言えない気分になるのは私だけではないでしょう。

そして、私たちは欲しい情報を電子のスピードで入手でき、すぐに何かをわかった気になってしまう環境の中で生きています。

マクルーハンの言葉、特に彼の著作は本当にわかりづらく、一般まで広く浸透しているとは言えないと思います。しかし、だからこそ、彼の言葉にはこの「よくわからない時代」を生き抜くヒントが隠されているのではないか。彼の「よくわからない言葉」に向き合うと、朧げながらもアイデアが生まれ、ビジネスや日々の生活に活かせるようになるのではないか。そう思わずにはいられません。こういったことが、時代の先を見ていた経営者やアーティスト、クリエーターたちがマクルーハンを支持した背景にあるものだと思います。

人間がメディア（商品とも言える）になってしまったというのは、捉え方によってはだいぶ辛いものがありますが、なってしまったものはもう仕方がありません。であれば、それぞれがそれを遊ぶように使いこなし、この時代の荒波を乗り切っていこうではありませんか。

マクルーハン・プレイ

タイトルには、著者の中澤さんと話し合ってそんな思いを込めました。

担当編集

主な引用文献・参考文献

- M・マクルーハン『グーテンベルクの銀河系』、みすず書房、一九八六年
- M・マクルーハン『メディア論』、みすず書房、一九八七年
- M・マクルーハン『機械の花嫁』、竹内書店新社、一九九一年
- M・マクルーハン&E・マクルーハン『メディアの法則』、NTT出版、二〇〇二年
- P・ドラッカー『傍観者の時代』、ダイヤモンド社、二〇〇八年
- P・ドラッカー『新しい現実』、ダイヤモンド社、一九八九年
- P・ドラッカー『断絶の時代』、ダイヤモンド社、二〇〇七年
- P・ドラッカー『経営者の条件』、ダイヤモンド社、二〇〇六年
- P・ドラッカー『すでに起こった未来』、ダイヤモンド社、一九九四年
- F・ベーコン『ノヴム・オルガヌム』、岩波文庫、二〇〇〇年
- ジェームス・W・ヤング『アイデアのつくり方』、CCCメディアハウス、一九八八年
- I・A・リチャーズ『意味の意味』、新泉社、一九七四年
- マックス・ヴェーバー『プロテスタンティズムの倫理と資本主義の精神』、一九九〇年
- ヴィーコ『ヴィーコ自叙伝』、みすず書房、一九九一年
- キケロ『弁論家について（上）（下）』、岩波文庫、一九九八年

- プラトン『プラトン全集』、岩波書店、一九八七年
- エドワード・デボノ『水平思考の世界』、講談社、一九七一年
- ニール・ポストマン『愉しみながら死んでいく』、三一書房、二〇一五年
- ドナルド・キーン『日本との出会い』、中央公論社、一九七五年
- エリザベス・シューエル『ノンセンスの領域』、白水社、二〇一二年
- ジョージ・レイコフ『認知意味論』、紀伊國屋書店、一九九三年
- ジョージ・レイコフ&マーク・ジョンソン『レトリックと人生』、大修館書店、一九八六年
- 竹村健一『マクルーハンの世界』、講談社、一九六七年
- 竹村健一『メディアの軽業師たち』、ビジネス社、二〇〇二年
- 山本七平『ビジネスマンのためのマーシャール』、講談社、一九八八年
- 湯川秀樹『創造への飛躍』、講談社学術文庫、二〇一〇年
- 梅棹忠夫『知的生産の技術』、岩波新書、二〇〇六年
- 植村昌夫『シャーロック・ホームズの愉しみ方』、平凡社、二〇一一年
- 三木清『哲学ノート』、中公文庫、二〇一〇年
- 太田雄三『英語と日本人』、講談社学術文庫、一九九五年
- 鈴木大拙『禅と日本文化』、岩波新書、一九九〇年
- 中澤豊『哲学者マクルーハン』、講談社メチエ、二〇〇九年
- Marshall McLuhan, The Book of Probes, Ginko Press Inc.,2003
- Edited by Gerald.E.Stern, McLuhan: Hot&Cool, Dial Press, 1967

中澤豊　なかざわ・ゆたか

1958年、新潟県生まれ。1982年東北大学法学部卒業。電電公社(現NTT)入社。1991-97年、NTTインターコミュニケーション・センター(ICC)設立に従事。1997-98年、トロント大学マクルーハン・プログラムにてシニアフェロー。2006-2020年 NTTスマートトレード㈱ 代表取締役社長。現在、㈱みずほ銀行 顧問、ものつくり大学 非常勤講師。著書に、『哲学者マクルーハン - 知の抗争史としてのメディア論』(2019年/講談社)、訳書に、『メディアの法則』(マクルーハン著、2002年、NTT出版)、『ポストメディア論』(ケルコフ著、1999年、NTT出版、共訳)がある。

マクルーハン・プレイ

アイデアはこうして生《う》まれる

2021年3月10日　初版第1刷発行

著　　者　中澤豊
発 行 者　岩野裕一

発 行 所　株式会社実業之日本社
〒107-0062　東京都港区南青山5-4-30
CoSTUME NATIONAL Aoyama Complex 2F
電話　(編集) 03-6809-0452　(販売) 03-6809-0495
https://www.j-n.co.jp/
印刷・製本　大日本印刷株式会社

装　　丁　寄藤文平＋古屋郁美(文平銀座)
本文DTP　上玉利毅
校　　正　くすのき舎
写真協力　マイケル・マクルーハン
編　　集　白戸翔

　ISBN 978-4-408-33970-2(新企画)